BIBLIOTECA
JOSÉ GUILHERME
Merquior

Impresso no Brasil, junho de 2013

Título original: *L'Esthétique de Lévi-Strauss*
Copyright © Julia Merquior 2011
Todos os direitos reservados.

Os direitos desta edição pertencem a
É Realizações Editora, Livraria e Distribuidora Ltda.
Caixa Postal: 45321 · 04010 970 · São Paulo SP
Telefax: (5511) 5572 5363
e@erealizacoes.com.br · www.erealizacoes.com.br

EDITOR | Edson Manoel de Oliveira Filho

COORDENADOR DA BIBLIOTECA JOSÉ GUILHERME MERQUIOR
João Cezar de Castro Rocha

GERENTE EDITORIAL | Sonnini Ruiz

PRODUÇÃO EDITORIAL | Liliana Cruz

PREPARAÇÃO | Alyne Azuma

REVISÃO | Geisa Mathias de Oliveira

CAPA E PROJETO GRÁFICO | Mauricio Nisi Gonçalves

DIAGRAMAÇÃO | André Cavalcante Gimenez

PRÉ-IMPRESSÃO E IMPRESSÃO | Gráfica Vida & Consciência

Reservados todos os direitos desta obra.
Proibida toda e qualquer reprodução desta edição por
qualquer meio ou forma, seja ela eletrônica ou mecânica,
fotocópia, gravação ou qualquer outro meio de reprodução,
sem permissão expressa do editor.

A Estética de Lévi-Strauss

José Guilherme Merquior

Tradução de Juvenal Hahne Jr.

2ª edição

Realizações Editora

A meus pais

Sumário

Apresentação à 2ª Edição
   A vocação crítica de José Guilherme Merquior
     por João Cezar de Castro Rocha 11
Nota prévia 19
Prólogo 21

Capítulo I: Arte e sociedade: a pintura corporal entre
   os Caduveu 23

Capítulo II: A delimitação do conceito de arte 29
   O "significante flutuante", fonte da arte 30
   O domínio específico da arte 40
   O conceito sintético da arte 55

Capítulo III: A teoria da música, ou a arte como crítica
   da cultura 69
   O papel da arte na "civilização mecânica" 71
   O espírito da música 89

Apêndice I: A estética do "Finale" das *Mythologiques* 107

Apêndice II: Análise dos mitos e análise das obras de arte . 123

Posfácios à 2ª Edição
   Escada para o céu: José Guilherme Merquior hoje
     por Christopher Domínguez Michael 144
   A arte como forma de conhecimento: uma leitura de
   A Estética de Lévi-Strauss
     por Eduardo Cesar Maia 148

Bibliografia 159
Índice onomástico 165

A ESTÉTICA DE LÉVI-STRAUSS

APRESENTAÇÃO À 2ª EDIÇÃO

A VOCAÇÃO CRÍTICA DE JOSÉ GUILHERME MERQUIOR

João Cezar de Castro Rocha

UM MÉTODO

Em 1980 organizou-se na Universidade de Brasília um colóquio sobre a obra de Ernest Gellner. Como se sabe, o autor de *Words and Things* orientou a segunda tese de doutorado defendida por José Guilherme Merquior, uma reflexão sobre a teoria da legitimidade em Rousseau e Weber[1] – sua primeira tese de doutorado fora dedicada à obra de Carlos Drummond de Andrade.[2] No encontro, Merquior apresentou uma síntese abrangente da noção de "liberalização política";[3] noção cara ao pensamento de Gellner. Os comentários deste ao final da exposição do ex-aluno bem poderiam ser tomados como um diagnóstico preciso dos exercícios interpretativos do ensaísta brasileiro:

> Sinto-me profundamente emocionado com a homenagem que me prestou José Merquior, que acaba de fazer um resumo surpreendentemente preciso de

---

[1] Em 1978, José Guilherme Merquior obteve seu segundo doutorado em Sociologia pela London School of Economics and Political Science. A tese foi publicada originalmente em inglês: *Rousseau and Weber: Two Studies in the Theory of Legitimacy*. Londres, Routledge & Kegan Paul Books, 1980. Posteriormente, o livro foi traduzido por Margarida Salomão: *Rousseau e Weber: Dois Estudos sobre a Teoria da Legitimidade*. Rio de Janeiro, Guanabara Koogan, 1990.

[2] A tese, escrita em francês, foi apresentada em 1972, na Sorbonne, e orientada por Raymond Cantel: *Verso Universo em Drummond*. 3. ed. Trad. Marly de Oliveira. São Paulo, É Realizações, 2012.

[3] José Guilherme Merquior, "Ernest Gellner e as Liberalizações Políticas". In: *Gellner na UNB*. Brasília, Editora da UNB, 1981, p. 5-22.

minhas ideias. (...) fico extremamente impressionado com a exatidão de seus comentários, aos quais, na verdade, nada tenho a acrescentar.

O que se tem a dizer, tem que ser dito no momento exato. E o melhor que eu posso dizer agora é que, dentre todos os meus leitores, apenas um me compreendeu: José Merquior.[4]

A mesma vocação crítica totalizante anima *A Estética de Lévi-Strauss*, isto é, ao tratar da obra de um autor determinado ou ao refletir sobre um sistema de pensamento, Merquior se destacava pela capacidade incomum de dominar completamente a bibliografia relativa ao tema – não apenas os textos incontornáveis, mas também referências secundárias, praticamente desconhecidas.[5] Contudo, não se tratava de erudição estéril, mas de assimilação própria da fortuna crítica disponível à época da redação de seus textos. Além disso, dono de sólida formação, as análises de Merquior costumavam surpreender pelo estabelecimento de paralelos e confrontos entre tradições diversas e por vezes adversárias. Espírito autenticamente cosmopolita, ele se movia com idêntica desenvoltura escrevendo sobre a história da literatura brasileira ou acerca das correntes filosóficas da modernidade.

Assinale-se, pois, a perspectiva com que Merquior procedia ao estudo da tradição ocidental: com *olhos livres*. No fundo, consciente de que poucos nomes de sua geração – e não me refiro a latitude alguma, mas ao tempo que lhe coube viver – poderiam ombrear-se com ele em termos de conhecimento efetivo e de capacidade crítica, especialmente na última década de sua produção, o ensaísta brasileiro principiou a adquirir uma proeminência internacional que ainda não foi adequadamente reconhecida no Brasil e, por isso mesmo, não tem sido levada em consideração nos

---

[4] Ernest Gellner, "Comentários do Prof. Ernest Gellner". In: *Gellner na UNB*, op. cit., p. 23.

[5] Este é particularmente o caso de *Foucault* (1985), traduzido em português por Donald M. Garschagen como *Michel Foucault, ou o Niilismo de Cátedra*. Rio de Janeiro, Nova Fronteira, 1985.

estudos sobre sua obra. É como se estivéssemos limitados ao registro anedótico, em lugar de transformar a atitude intelectual de Merquior em motivo de reflexão teórica, capaz de renovar o entendimento do sistema intelectual brasileiro e de suas relações com os "centros" de produção. Gostamos de recordar a sentença atribuída a Raymond Aron, "Esse menino leu tudo", mas esquecemos com frequência as incontáveis horas vividas à roda da biblioteca, assim como o trabalho diuturno que permitiu a Merquior produzir uma vasta obra, apesar dos poucos anos de que dispôs.

Esclareça-se, porém, que recordar a recepção internacional das ideias do ensaísta brasileiro nada tem a ver com uma previsível ansiedade pelo reconhecimento estrangeiro: desse provincianismo às avessas, Merquior sempre esteve distante. Ressalto, pelo contrário, a autonomia com que o ensaísta assimilou o que lhe interessava da tradição ocidental, pois, uma vez que ele compreendia a cultura brasileira como partícipe dessa mesma tradição, em nenhuma circunstância se sentia em posição de inferioridade. Para o autor de *As Ideias e as Formas* (1981), o único critério válido dizia respeito à qualidade do próprio trabalho.

Um exemplo paradigmático dessa atitude – que permanece não apenas atual, mas também necessária – se encontra na entrevista que os jovens críticos Sergio Paulo Rouanet e José Guilherme Merquior realizaram com Michel Foucault em 1970, na véspera de o autor de *Les Mots et les Choses* ingressar no Collège de France. Nessa entrevista, o leitor surpreende um diálogo de alta voltagem, somente possível pelo gesto intelectual que animou os entrevistadores: suas perguntas revelam um conhecimento integral da bibliografia do pensador francês e das críticas suscitadas pela sua obra; porém, ao mesmo tempo, Rouanet e Merquior propõem com desenvoltura questões propriamente teóricas e metodológicas, ensaiando uma interlocução entre pares.[6]

---

[6] Sergio Paulo Rouanet e José Guilherme Merquior, "Entrevista com Michel Foucault". In: Sergio Paulo Rouanet (org.), *O Homem e o Discurso (A Arqueologia de Michel Foucault)*. Rio de Janeiro, Tempo Brasileiro, 1971, p. 17-42.

Não é, portanto, casual que os últimos livros de José Guilherme Merquior tenham sido escritos em inglês e, sobretudo, publicados em prestigiosas coleções. É o caso de *The Veil and the Mask: Essays on Culture and Ideology* (1979); *Rousseau and Weber* (1980); *Foucault* (1985); *Western Marxism* (1986); *From Prague to Paris* (1986), com traduções para inúmeros idiomas, incluindo naturalmente o português.[7] Isso para não mencionar o livro publicado postumamente, *Liberalism: Old and New* (1991). Ou este livro que agora lançamos em segunda edição, originalmente escrito em francês, *L'Esthétique de Lévi-Strauss* (1969) – já mencionamos *Verso Universo em Drummond*, tese também escrita em francês.

Nesse contexto, vale a pena recordar a avaliação de Ernest Gellner em seu prefácio a *The Veil and the Mask*:

> J. G. Merquior é um brasileiro que tem escrito e obtido distinções acadêmicas tanto em francês quanto em português. Com este trabalho, ele demonstra dominar uma nova subcultura linguística do mundo ocidental, além de sua intimidade com o conteúdo de *n* subculturas intelectuais.[8]

Portanto, há um aspecto da contribuição de Merquior que permanece praticamente ignorado e que se refere à atualidade de seu gesto intelectual.

Dimensão, aliás, dominante em *A Estética de Lévi-Strauss*.

Este livro

É singular a origem do livro que o leitor tem diante dos olhos; circunstância esclarecida pelo autor: "uma

---

[7] Ressalte-se que Merquior sempre foi muito cuidadoso com as traduções para o português de seus livros escritos em francês e inglês.

[8] Ernest Gellner, "Foreword". In: José Guilherme Merquior, *The Veil and the Mask: Essays on Culture and Ideology*. Londres, Routledge and Kegan Paul, 1979, p. X.

contribuição – exposta oralmente em janeiro de 1969 – ao seminário conjunto de antropologia social", dirigido por Claude Lévi-Strauss. A recepção "excepcionalmente lisonjeira" do antropólogo estimulou o "jovem ensaísta brasileiro curioso das ciências humanas" a dar à exposição oral a forma de um ensaio.[9] E o desejo de manter sua reflexão atualizada com os últimos lançamentos de Lévi-Strauss levou Merquior a acrescentar dois apêndices, a fim de dar conta da publicação, então recentíssima, da tetralogia *Mythologiques*. Ao justificar o primeiro apêndice, Merquior explicitou o sentido de sua reflexão:

> Em consequência, nosso projeto – executado bem antes do coroamento das *Mythologiques* – de *isolar, de maneira esquemática, na obra de Lévi-Strauss, as páginas consagradas seja à arte em geral, seja ao estudo das artes*, está exigindo uma suplementação, por meio do exame das mais recentes contribuições do fundador da antropologia estrutural à pesquisa estética.[10]

A clareza do projeto ilumina a estrutura do ensaio.

Na primeira parte, Merquior estuda a atividade artística a partir de suas relações com a sociedade. O privilégio, nesse caso, não reside na busca de uma especificidade da prática artística. O objetivo é antes compreender como certos procedimentos são, como os mitos, bons para pensar problemas que de outro modo permaneceriam obscuros. A potência da arte, aqui, relaciona-se especialmente com sua capacidade de dar forma a questões que não encontram sua mais completa tradução no ritmo cotidiano de um grupo social.

A hipótese de Lévi-Strauss equivale a postular que os Mbaya falharam na adoção de uma semelhante estrutura mediadora no plano sociológico, mas nem por

---

[9] José Guilherme Merquior, "Nota Prévia". In: *A Estética de Lévi-Strauss*. Rio de Janeiro, Tempo Brasileiro, 1975, p. 10. Ver, nesta edição, p. 19.

[10] Idem, *A Estética de Lévi-Strauss*, op. cit., p. 70 (grifos meus). Ver, nesta edição, p. 108.

isso se privaram de conhecê-la. Não tendo adotado um sistema mediador simetria/assimetria na realidade social, os Mbaya "puseram-se a sonhá-lo".[11]

No segundo momento, o ensaísta se preocupa com a identificação dos traços definidores do conceito de arte, compreendida, agora sim, como prática específica, dona de dinâmica particular, interpretável em seus termos. Destaca-se, então, a ideia-chave de "significante flutuante" como matriz da "estética em Lévi-Strauss", com base na defasagem constitutiva entre significante e significado. Desse modo, o dado propriamente estético pode ocupar o centro da cena, isto é, ele ganha uma acepção nova.

> Não hesitaremos em afirmar que é a síntese entre a noção do significante flutuante enquanto fonte da arte e as precisões sobre o modo de ser da obra artística, fornecidas por *La Pensée Sauvage*, que dará à reflexão estética de Lévi-Strauss toda sua amplitude, e que, ao mesmo tempo, lhe permitirá aprofundar a análise das relações entre a arte e a cultura na "teoria da música" de *Le Cru et le Cuit*.[12]

A "teoria da música" fornece precisamente o último instante da reflexão de Merquior, cujo caráter arquitetônico atesta sua capacidade de síntese crítica de uma obra que se encontrava em curso no exato momento em que ele apresentou sua exposição oral, transformada posteriormente em *A Estética de Lévi-Strauss*.

No fundo, através da articulação desses três níveis de reflexão – arte e sociedade; especificidade da arte; teoria da música –, Merquior descobriu um modo inesperado de retomar a preocupação que, desde seu primeiro livro, *Razão do Poema* (1965), dominou os exercícios de leitura do ensaísta. Isto é, o resgate de um humanismo possível, apesar do inegável desencanto com formas substancialistas de entendimento da condição humana. Ao mesmo tempo, a defesa de um princípio de razão que, sem

---

[11] Ibidem, p. 14-15. Ver, nesta edição, p. 26.
[12] Ibidem, p. 17. Ver, nesta edição, p. 30.

postular a possibilidade de uma interpretação unívoca, nem por isso transforma o mundo em território irredutivelmente equívoco.[13]

Na visão de Merquior, o *humanismo* de Lévi-Strauss seria de tipo *crítico*, pois abre mão das "ilusões metafísicas do humanismo clássico", porém não abdica da tarefa de "abrir à cultura uma nova perspectiva sobre si mesma".[14] No que se refere ao plano estético, o estruturalismo lévi-straussiano teria estimulado um passo decisivo:

> (...) ele contribui de maneira substancial para assegurar a maturidade da contribuição fundamental do "formalismo" à estética – a implantação da consciência do signo – acrescentando-lhe uma dimensão que é solidária, e igualmente decisiva: o sentido da abertura essencial da obra de arte sobre a realidade da cultura e do mundo.[15]

Em alguma medida, essa avaliação da "estética de Lévi-Strauss" define perfeitamente o projeto crítico do próprio José Guilherme Merquior, ajudando a entender numa chave renovada o interesse absorvente do "jovem ensaísta brasileiro curioso das ciências humanas" pela obra do antropólogo francês.

***

Esta segunda edição encontra-se enriquecida por dois posfácios.

Em "A Arte como Forma de Conhecimento: Uma Leitura de *A Estética de Lévi-Strauss*", Eduardo Cesar

---

[13] Seria interessante associar o esforço do ensaísta brasileiro à proposta, do filósofo mexicano Mauricio Beuchot, de desenvolvimento de uma "hermenêutica analógica", cujo propósito é evitar as aporias decorrentes das opções dicotômicas "unívoca" e "equívoca". Mauricio Beuchot, *Tratado de Hermenéutica Analógica. Hacia un Nuevo Modelo de Interpretación*. 4. ed. México, Editorial Itaca/Facultad de Filosofía y Letras-UNAM, 2009.

[14] José Guilherme Merquior, *A Estética de Lévi-Strauss*, op. cit., p. 68. Ver, nesta edição, p. 105.

[15] Ibidem, p. 69. Ver, nesta edição, p. 105.

Maia, um dos talentos mais promissores da nova geração de críticos brasileiros, analisa com agudeza a obra de Merquior, enfatizando seu entendimento da força teórica do *humanismo crítico* lévi-straussiano e também dos impasses do estruturalismo.

Christopher Domínguez Michael, o mais destacado crítico literário mexicano da atualidade, presta, em "Escada para o Céu", uma bela homenagem ao pensador brasileiro, recordando seus encontros com Merquior, nos anos em que ele foi embaixador do Brasil no México, entre 1987 e 1989. Ao mesmo tempo, Domínguez Michael esclarece a importância da obra de Merquior na definição tanto de sua visão do mundo quanto de sua concepção do ofício crítico.

Aliás, vale a reiteração, eis um estudo ainda por ser feito: a recepção internacional das ideias de Merquior, o que não deixa de ser um modo de aquilatar sua importância.

Com esses dois instigantes textos, levamos adiante o duplo projeto que anima a Biblioteca José Guilherme Merquior.

De um lado, publicar novas edições das obras completas do pensador; de outro, proporcionar um diálogo renovado de sua contribuição com as circunstâncias contemporâneas.

NOTA PRÉVIA

O estudo que se segue constituiu uma contribuição – exposta oralmente em janeiro de 1969 – ao seminário conjunto de antropologia social do Collège de France e da École Pratique des Hautes Études (Paris), dirigido pelo Professor Claude Lévi-Strauss. Tive então o contentamento de ver este trabalho recebido pelo fundador da antropologia estrutural de forma excepcionalmente lisonjeira. Quero valer-me desta publicação para registrar a acolhedora e estimulante benevolência que, ao longo de quatro anos, num centro de estudos pós-graduados regido pelos mais severos padrões intelectuais, Mestre Lévi-Strauss dispensou a um jovem ensaísta brasileiro curioso das ciências humanas e, em particular, da reorientação que lhes imprimiu o estruturalismo *autêntico*.

A edição brasileira deste livro, devida à gentileza do Professor Eduardo Portella e à excelente tradução de Juvenal Hahne Jr., reproduz um texto ainda inédito no original francês, com exceção do último apêndice, estampado em Paris pela *Revue d'Esthétique*, n. 3-4, de 1970.

Bonn, janeiro de 1973.
José Guilherme Merquior

P. S.: Lévi-Strauss lançará proximamente, pelas edições Skira, um estudo sobre a arte das máscaras em certas culturas ameríndias.[1] É supérfluo assinalar o interesse que terão essas páginas para o tema do presente ensaio.

---

[1] De fato, em 1975, Claude Lévi-Strauss publicou *La Voie des Masques*. (N. E.)

PRÓLOGO

Sabemos que a reflexão estética não está ausente na obra – sob múltiplos aspectos já tão considerável – de Claude Lévi-Strauss. Mais ainda, certos conceitos decisivos da antropologia estrutural foram definidos com a ajuda de analogias que pertencem ao domínio artístico: lembre-se a caracterização do *modus operandi* e do *modus interpretandi* do mito, fundada sobre a comparação com a música (L-S, 1958, p. 235 e 240; 1964, p. 23-38). Numerosos também são os comentadores que deram importância a vários temas estéticos lévi-straussianos. Um deles – Yvan Simonis (1968) – chegou até a identificar o estruturalismo com uma *"logique de la perception esthétique"* ["lógica da percepção estética"], afastada da ação em proveito da contemplação, e cujo talento consistiria em *"exprimer l'état d'esprit d'une culture qui a compris qu'elle disparaissait"* ["exprimir o estado de espírito de uma cultura que compreendeu que desaparece"].

Seria fácil mostrar que esta interpretação, fazendo da antropologia estrutural uma espécie de metafísica estética, pressupõe ao mesmo tempo uma leitura unilateral dos textos de Lévi-Strauss e uma concepção inadequada do fenômeno estético. Aqui, em lugar de esboçar uma "tradução estética" da visão global que se desprende da obra de Lévi-Strauss, fixamo-nos o objetivo de isolar esquematicamente *algumas* páginas dedicadas por ele, seja à consideração da arte em si, seja ao estudo das artes. Estes diversos momentos da reflexão estética em Lévi-Strauss serão, ao mesmo tempo (ainda que de maneira extremamente sintética), comparados com várias teses da estética contemporânea – o que nos permitirá constatar que o estruturalismo, se se opõe a certas tendências da ideologia artística de nossa época, reencontra vigorosamente algumas de suas noções mais penetrantes.

Como não é de nossa intenção esgotar a dimensão estética dos trabalhos de Lévi-Strauss, nós nos concentraremos em três níveis de sua meditação:

a) a atividade artística considerada em suas relações com a sociedade;
b) a definição da arte enquanto manifestação cultural *específica*;
c) a "teoria da música", ou teoria da arte como crítica da cultura.

– dedicaremos, além disso, um apêndice às relações entre a análise dos mitos e a análise das obras de arte.

O primeiro nível corresponde ao estudo (de 1945) sobre o desdobramento da representação nas artes da Ásia e da América (L-S, 1958, p. 269-94) assim como às páginas de *Tristes Tropiques* (1955, p. 158-69) retomando a interpretação da pintura facial entre os Caduveu; (b) corresponde principalmente à seção de *La Pensée Sauvage* (1962b, p. 33-44) a propósito da arte, definida por oposição à ciência e ao mito; enfim, os elementos do terceiro nível pertencem sobretudo aos *Entretiens* com Georges Charbonnier (1961) e à série *Mythologiques* (1964; 1968; 1971). Vemos assim que cada nível da teorização estética de Lévi-Strauss remete – ainda que não exclusivamente – a uma fase diferente de seu pensamento: (a) ao período anterior ao *La Pensée Sauvage*; (b) a este último livro; (c) ao estágio atual das pesquisas estruturalistas, dominado pela exegese dos mitos.

Capítulo I

ARTE E SOCIEDADE: A PINTURA CORPORAL ENTRE OS CADUVEU

O desdobramento da representação nas artes da Ásia e da América é um estudo comparado de arte primitiva. O autor aí recorre à psicologia e à análise estrutural das formas a fim de explicar a ocorrência da representação do corpo ou do rosto por uma "imagem desdobrada" (*split representation*) entre culturas inteiramente afastadas umas das outras: os índios da costa noroeste da América, a China arcaica, os Maori da Nova Zelândia, os primitivos da Sibéria, os Caduveu do Brasil.

A comparação do estilo artístico destas diferentes culturas demonstra que o desdobramento da representação do rosto está ligado à organização social. Trata-se em todos estes casos de sociedades igualmente hierarquizadas, *"et leur art décoratif servait à traduire et à affirmer les grades de la hiérarchie"* (L-S, 1958, p. 281) ["e sua arte decorativa servia para traduzir e afirmar os graus de hierarquia"].[1] A decoração da pele desenhada pelas mulheres caduveu possui uma função heráldica (L-S, 1955, p. 164). Com efeito, *"les peintures du visage confèrent d'abord à l'Individu sa dignité d'être humain"* (ibid., p. 166) ["as pinturas do rosto conferem, antes de mais nada, ao indivíduo, a sua dignidade de ser humano"],[2] efetuando a promoção dos homens da condição animal à dos civilizados;[3] mas a pintura facial, mesmo exprimindo esta diferenciação fundamental, distingue-se ainda segundo as castas sociais; simboliza, pois, ao mesmo tempo que a passagem da natureza à cultura, a hierarquia dos *status* no interior da sociedade. A função da decoração facial coincide assim com a da *máscara*. Figura a *persona*, a personalidade social. Com isso, esconde a individualidade sob o papel social, de acordo com esta *"double fonction*

---

[1] Claude Lévi-Strauss, *Antropologia Estrutural*. Trad. Chaim Samuel Katz e Eginardo Pires. Rio de Janeiro, Edições Tempo Brasileiro, 1967, p. 292. (Daqui para a frente, apenas AE.)

[2] Claude Lévi-Strauss, *Tristes Trópicos*. Trad. Wilson Martins revista pelo autor. São Paulo, Editora Anhembi, 1957, p. 202. (Daqui para a frente, apenas TT.)

[3] Os antepassados dos Caduveu consideravam os missionários como "pessoas estúpidas" porque eles não se pintavam.

que les sociétés sans écriture assignent au masque: dissimulation de l'individu qui le porte, tout en lui conférant une plus haute signification" (L-S, 1966, p. 280) ["dupla função que as sociedades sem escrita conferem à máscara: dissimulação do indivíduo que a usa ao mesmo tempo que lhe atribui uma significação mais alta"].

Todas estas culturas que praticam a representação desdobrada são de fato culturas de máscaras, ou por preferirem a máscara propriamente dita, como a China arcaica ou a costa americana do noroeste, ou por adotarem a máscara tatuada, como entre os Maori ou os Caduveu. Entretanto, o procedimento estilístico do desdobramento da representação não se encontra em *todas* as culturas de máscaras; não existe nem nas sociedades pueblo dos Estados Unidos nem na Nova Guiné, onde as máscaras desempenham papel muito importante. Esse procedimento não se apresenta senão nas culturas de máscaras de forte estruturação hierárquica (L-S, 1958, p. 291-92).

Tal é o sentido geral da *"split representation"*. Mas quando Lévi-Strauss retoma, no capítulo 20 de *Tristes Tropiques*, a análise da arte gráfica feminina dos Caduveu, completa sua interpretação de 1945 por meio de uma hipótese de um grande interesse para a evolução de seu pensamento estético. Os Mbaya-Guaicuru (de que os Caduveu são os últimos representantes no Brasil) apegavam-se de tal modo à diferenciação de suas três castas, estas tendiam a tal ponto a se fechar em si mesmas em detrimento da coesão do grupo social, que sua sociedade se encontrava ameaçada pela segregação. Esta ameaça se tornava particularmente aguda pelo fato de que os Caduveu, contrariamente aos Guana (que lhes serviam de escravos) e aos Bororo, não compensavam os efeitos desagregadores desta rigidez hierárquica por uma divisão em duas metades, recortando as castas.

O estilo da decoração facial dos Caduveu evoca as figuras de nossos baralhos: consiste numa composição simétrica, mas construída sobre um eixo oblíquo, de modo que o todo não é nem completamente simétrico nem completamente assimétrico. Lévi-Strauss assinala que o sistema social dos Guana ou dos Bororo *"offre sur le plan sociologique une structure analogue"* ["mostra ele no plano sociológico uma estrutura análoga" (TT, p. 295)] à que é apresentada no plano estilístico pela arte caduveu (L-S, 1955, p. 168). A oposição de uma organização ternária (castas) a uma outra binária (metades) combina uma estrutura assimétrica com uma outra, simétrica, enquanto a introdução das metades opõe um mecanismo social fundado sobre a reciprocidade àquele fundado sobre a hierarquia.

A hipótese de Lévi-Strauss equivale a postular que os Mbaya falharam na adoção de uma semelhante estrutura mediadora no plano sociológico, mas nem por isso se privaram de conhecê-la. Não tendo adotado um sistema mediador simetria/assimetria na realidade social, os Mbaya *"se sont mis à le rêver"* (ibid., p. 169) ["puseram-se a sonhá-lo" (ibid., p. 206)]. Eis como se explica a homologia entre a organização social dos Bororo e o estilo da pintura do rosto entre os Guaicuru: a arte gráfica dos Caduveu é *"comme le phantasme d'une société qui cherche, avec une passion inassouvie, le moyen d'exprimer symboliquement les institutions qu'elle pourrait avoir, si ses intérêts et ses superstitions ne l'en empêchaient"* (ibid., ibid.) ["como o fantasma duma sociedade que procura, com uma paixão insatisfeita, o meio de exprimir simbolicamente as instituições que poderia ter, se os seus interesses e as suas superstições não lhe impedissem" (ibid., ibid.)].

Assim, passando da consideração geral da ocorrência múltipla de um tipo de figuração artística (a representação desdobrada) ao estudo concreto de uma de suas variantes, parece de fato que Lévi-Strauss foi levado a enriquecer a noção das relações entre a arte e a realidade. É verdade que seu discurso sobre a *"split representation"* em geral já sublinhara a autonomia da arte primitiva quanto à transcrição naturalista do real. Desde pelo menos Franz Boas (1927), falava-se da primazia da forma sobre a natureza na arte estilizada dos povos sem escrita.[4]

---

[4] O horror do natural proclamado pela arte guaicuru não escapou aos missionários jesuítas (L-S, 1955, p. 162).

Todavia, *esta autonomia frente ao mundo sensível não se reconhecia no plano sociológico*. Em sua função de máscara, a representação desdobrada aparecia como um *instrumento* da cultura. Mediante a decoração facial, a arte se punha a serviço da sociedade e de suas divisões.

Sem contradizer a ideia desta funcionalidade social da arte primitiva, o aprofundamento da análise da arte Caduveu nos transpõe a um outro nível. A arte se dá agora como uma atividade compensadora, como uma solução fantástica das contradições da sociedade – como uma *mediação imaginária*. Não é mais somente uma ferramenta da vida social empírica: é também a imagem de seu ultrapassar; desenha a metáfora da forma utópica da sociedade onde nasce. E é sem dúvida o sentido transcendental desta *vontade do metassocial* que faz da pintura corporal dos Caduveu alguma coisa de tão tenaz, capaz de subsistir entre o abandono e o esquecimento de tantos de seus usos e de suas técnicas (L-S, 1955, p. 160).

Vista deste ângulo, a arte se aproxima do mito, já que "*la pensée mythique procède de la prise de conscience de certaines oppositions et tend à leur médiation progressive*" (L-S, 1958, p. 248; cf. também p. 254) ["o pensamento mítico procede da tomada de consciência de certas oposições e tende à sua mediação progressiva" (AE, p. 259)]. Quatro anos antes de *Le Cru et le Cuit*, "La Geste d'Asdiwal" (L-S, 1960c, VIII parte), a mais reputada das análises estruturais de mitos de Lévi-Strauss, afirmava, em proveito de Boas, que o mito está, certamente, em relação com a realidade social, sem dela ser contudo a "re-presentação".[5] Mas não antecipemos; antes de voltar à questão das afinidades entre a arte e o mito, e de melhor precisar as relações entre a arte e a cultura, precisamos passar ao segundo estágio da estética estrutural: o da delimitação do conceito da arte.

---

[5] Essa concepção não foi bem acolhida em toda parte; em particular, foi criticada por Edmund Leach. Contudo, alguns estudos (Pouillon, 1966, p. 102; Yalman, 1967, p. 73, 82, 88) reconheceram que ela contribuiu de uma maneira muito fecunda para a consolidação metodológica da análise do material mítico.

Capítulo II

A DELIMITAÇÃO DO CONCEITO DE ARTE

A delimitação do conceito de arte ocupa um bom trecho do primeiro capítulo de *La Pensée Sauvage*. Mas muito antes deste livro, Lévi-Strauss mencionara algumas características do fenômeno artístico. Em nossa opinião, a mais importante dessas menções é a relação estabelecida entre a arte – a arte em geral, no sentido de *"toute invention esthétique"* ["toda invenção estética"] – e a ideia de *significante flutuante* exposta na "Introduction à L'Oeuvre de Marcel Mauss" (L-S, 1950, XLIX). Não hesitaremos em afirmar que é a síntese entre a noção do significante flutuante enquanto fonte da arte e as precisões sobre o modo de ser da obra artística, fornecidas por *La Pensée Sauvage*, que dará à reflexão estética de Lévi-Strauss toda sua amplitude, e que, ao mesmo tempo, lhe permitirá aprofundar a análise das relações entre a arte e a cultura na "teoria da música" de *Le Cru et le Cuit*. É preciso portanto começar por recordar o contexto conceitual da breve alusão à arte da "Introdução a Mauss".

O "SIGNIFICANTE FLUTUANTE", FONTE DA ARTE

A ideia de significante flutuante prende-se a outra, a de *função simbólica*. Esta atém-se ao papel evidentemente central da *comunicação* na vida social. Um dos pontos de partida da antropologia estrutural é precisamente o fato de que *"une société est faite d'individus et de groupes qui communiquent entre eux"* (L-S, 1958, p. 326) ["uma sociedade é feita de indivíduos e de grupos que se comunicam entre si" (AE, p. 336)]. Ora, é próprio da comunicação humana ser representacional, tomar a forma de um processo de *significação*. Eis porque a antropologia é antes de mais nada "uma psicologia" (L-S, 1962b, p. 174). Nestas condições, as estruturas sociais de comunicação (a linguagem, as regras matrimoniais, as relações econômicas, a arte, a ciência, a religião, etc.) tornam-se verdadeiros *sistemas simbólicos*, os quais *"visent à exprimer certains aspects de la réalité physique et de réalité sociale, et, plus encore, les relations que ces deux types de réalité entretiennent entre eux et que les systèmes symboliques eux-mêmes entretiennent les uns avec les autres"* (L-S, 1950, p. XIX) ["visam a exprimir certos aspectos da realidade física e da realidade social e, mais ainda, as relações que esses dois tipos de realidade mantêm entre si e as que os próprios sistemas simbólicos mantêm uns com os outros"].[1]

Entretanto, a função simbólica, dividida entre estes sistemas, nunca chega a se exercer de uma maneira satisfatória. Isto se deve a duas defasagens fundamentais, inerentes à própria função simbólica: a defasagem entre os diversos sistemas ou níveis de simbolização, e a defasagem existente entre os dois polos da função simbólica, o significante e o significado.

A origem da defasagem entre significante e o significado se confunde com o advento do sistema simbólico primário, no sentido de que ele é pressuposto por todos os outros – isto é, a *linguagem*. Com efeito,

> *quels qu'aient été le moment et les circonstances de son apparition dans l'échelle de la vie animale, le langage n'a pu naître que tout d'un coup. Les choses n'ont pas pu se mettre à signifier progressivement. A la suite d'une transformation dont l'étude ne relève pas des sciences sociales, mais de la biologie et de la psychologie, un passage s'est effectué, d'un stade où rien n'avait un sens, à un autre où tout en possedait. Or, cette remarque, en apparence banale, est importante, parce que ce changement radical est sans contrepartie dans le domaine de la connaissance qui, elle, s'élabore lentement et progressivement. Autrement dit, au moment où l'Univers entier, d'un seul coup, est devenu significatif, il n'en a pas été pour autant mieux connu,*

---

[1] Claude Lévi-Strauss, "Introdução à Obra de Marcel Mauss". Trad. A. R. R. In: *Estruturalismo: Antologia de Textos Teóricos*. Seleção e introdução de Eduardo Prado Coelho. Lisboa, Portugália Editora, 1968, p. 158. (Daqui para a frente apenas MM.)

même s'il est vrai que l'apparition du langage devait précipiter le rythme du développement de la connaissance. Il y a donc une opposition fondamentale, dans l'histoire de l'esprit humain, entre le symbolisme, qui offre un caractère de discontinuité, et la connaissance, marquée de continuité. Qu'en résulte-t-il? C'est que les deux catégories du signifiant et du signifié se sont constituées simultanément et solidairement, comme deux blocs complémentaires; mais que la connaissance, c'est-à-dire le processus intellectuel que permet d'identifier les uns par rapport aux autres certains aspects du signifiant et certains aspects du signifié – on pourrait même dire de choisir, dans l'ensemble du signifiant et dans l'ensemble du signifié, les parties qui présentent entre elles les rapports les plus satisfaisants de convenance mutuelle – ne s'est mise en route que fort lentement. Tout s'est passé comme si l'humanité avait acquis d'un seul coup un immense domaine et son plan détaillé, avec la notion de leur relation réciproque, mais avait passé des millénaires à apprendre quels symboles déterminés du plan représentaient les différents aspects du domaine. L'Univers a signifié bien avant qu'on ne commence à savoir ce qu'il signifiait; cela va sans doute de soi. Mais, de l'analyse précédente, il résulte aussi qu'il a signifié, dès le début, la totalité de ce que l'humanité peut s'attendre à en connaître. (ibid., p. XLVII e XLVIII)

[quaisquer que tenham sido o momento e as circunstâncias do seu aparecimento na escala da vida animal, a linguagem só pode ter nascido de súbito. As coisas não poderiam ter-se posto a significar progressivamente. Na sequência de uma transformação cujo estudo não é da alçada das ciências sociais, mas da biologia e da psicologia, efetuou-se uma passagem de um estágio em que nada tinha sentido para um outro em que tudo passou a tê-lo. Essa observação, aparentemente banal, é importante, porque essa mudança radical não tem contrapartida no domínio do conhecimento, que, esse sim, se elabora lenta e progressivamente. Por outras palavras, no momento em que o Universo inteiro, de uma só vez, se tornou *significativo*, ele não passou por isso a ser mais bem *conhecido*, mesmo se é verdade que o aparecimento da linguagem devia precipitar o ritmo do desenvolvimento do conhecimento. Há, pois, uma oposição fundamental, na história do espírito humano, entre o simbolismo, que oferece um caráter de descontinuidade, e o conhecimento, marcado de continuidade. Que resulta daí? Resulta que as duas categorias do significante e do significado se constituíram simultânea e solidariamente, como dois blocos complementares: mas também que o conhecimento, quer dizer, o *processus* intelectual que permite identificar certos aspectos do significante com certos aspectos do significado – poder-se-ia mesmo dizer: escolher, no conjunto do significante e no conjunto do significado, as partes que apresentam as relações mais satisfatórias de conveniência mútua – só muito lentamente se desenvolveu. Tudo se passou como se a humanidade tivesse adquirido de um golpe um imenso domínio e o seu plano detalhado, com a noção da relação recíproca entre um e outro, mas tivesse passado milênios para aprender os símbolos determinados do plano que representavam os diferentes aspectos do domínio. O Universo significou muito antes que se começasse a saber o que é que significava; isso certamente é óbvio. Mas, da análise precedente resulta também que ele significou, desde o início, a totalidade do que a humanidade pode esperar conhecer a seu respeito. (MM, p. 185-86)]

Por conseguinte, o homem viveu e ainda vive em *"une situation fondamentale et qui relève de la condition humaine"* ["uma situação fundamental e que deriva da condição humana" (ibid., p. 187)], consistindo nisso em que ele *"dispose dès son origine d'une intégralité de signifiant dont il est fort embarrassé pour faire allocation à un signifié; donné comme tel sans être pour autant connu"* (ibid., p. XLIX) ["dispõe desde sua origem de uma integralidade de significante com o qual se preocupa demasiadamente para destinar a um significado; dado como tal sem no entanto ser conhecido"].

> *Dans son effort pour comprendre le monde, l'homme dispose donc toujours d'un surplus de signification (qu'il répartit entre les choses selon des lois de la pensée symbolique qu'il appartient aux ethnologues et aux linguistes d'étudier). Cette distribution d'une ration supplémentaire – si l'on peut s'exprimer ainsi – est absolument nécessaire pour qu'au total, le signifiant disponible et le signifié repéré restent entre eux dans le rapport de complémentarité qui est la condition même de l'exercice de la pensée symbolique.* (ibid., ibid.)

> [No seu esforço para compreender o mundo, o homem dispõe sempre de um excesso de significação (que ele reparte entre as coisas segundo as leis do pensamento simbólico que aos etnólogos e aos linguistas compete estudar). Essa distribuição de uma ração suplementar – se assim me posso exprimir – é absolutamente necessária para que no total o significante disponível e o significado referenciado permaneçam entre si na relação de complementaridade que é a condição mesma do pensamento simbólico. (ibid., p. 187-88)]

É neste "significante flutuante" que se enraízam a invenção mítica e a criação artística (ibid., ibid.); e é ao fato de que ele não cessou de acompanhar a aventura histórica do homem que é devida a universalidade dos produtos da arte e do mito, por oposição ao caráter transitório do conhecimento científico. Enquanto forma de ativação da "integralidade da significação", enquanto *"repristinatio"*, rememoração do instante inaugural do fenômeno do sentido, a arte, em sua essência, fala a todos os homens, quaisquer que sejam sua cultura e sua época.

A segunda defasagem do processo de simbolização é inerente, não à própria função simbólica, mas à contingência de que ela é dividida entre vários sistemas simbólicos – pois, sendo estes, *incomensuráveis* (L-S, 1950, p. XIX), frequentemente em contradição uns com os outros (L-S, 1958, p. 365), e submetidos à erosão histórica, resulta de sua mútua irredutibilidade que

> *aucune société n'est jamais intégralement et complètement symbolique; ou, plus exactament, qu'elle ne parvient jamais à offrir à tous ses membres, et au même degré, le moyen de s'utiliser pleinement à l'édification d'une structure symbolique qui, pour la pensée normale, n'est réalisable que sur le plan de la vie sociale.* (L-S, 1950, p. XX)
>
> [nenhuma sociedade é jamais integral e completamente simbólica; ou, mais exatamente, ela jamais logra oferecer a todos os membros, e no mesmo grau, o meio de serem utilizados plenamente na construção de uma estrutura simbólica que para o pensamento normal, só é realizável no plano da vida social. (ibid., p. 159)]

A persistência desta irregularidade acarreta a presença constante (ainda que em número variável), em toda sociedade, de indivíduos em posição periférica, e cujo papel consiste em figurar sínteses simbólicas imaginárias, socialmente reconhecidas (como é o caso dos feiticeiros nas culturas primitivas) ou não (como é o caso dos psicopatas em nossa sociedade). Assim como uma última citação da "Introdução a Mauss" o precisa,

> *dans toute société (...), il serait inévitable qu'un pourcentage (d'ailleurs variable) d'individus se trouvent placés, si l'on peut dire, hors système ou entre deux ou plusieurs systèmes irréductibles. A ceux-là, le groupe demande, et même impose, de figurer certaines formes de compromis irréalisables sur le plan collectif, de feindre des transitions imaginaires, d'incarner des synthèses incompatibles. Dans toutes ces conduites en apparence aberrantes, le "malades" ne font donc que transcrire un état du groupe et rendre manifeste telle ou telle de ses constantes. (...) On peut donc dire que pour chaque société, le rapport entre conduites normales et conduites spéciales est complémentaire. Cela est évident dans le cas du shamanisme et de la possession; mais ce ne serait pas moins vrai de conduites que*

notre propre société refuse de grouper et de légitimer en vocations, *tout en abandonnant le soin de réaliser un équivalent statistique à des individus sensibles (pour des raisons historiques, psychologiques, sociologiques ou physiologiques, peu importe) aux contradictions et aux lacunes de la structure sociale.* (ibid., p. XX-I)

[em toda sociedade (...), seria inevitável que uma porcentagem (aliás, variável) de indivíduos se encontrasse colocada, se assim se pode dizer, fora do sistema ou entre dois ou vários sistemas irredutíveis. A esses o grupo pede, e até impõe, que figurem certas formas de compromisso irrealizáveis no plano coletivo, que finjam transições imaginárias, que encarnem sínteses incompatíveis. Em todas essas condutas, na aparência aberrantes, os 'doentes' não fazem senão transcrever um estado de grupo e tornar manifesta esta ou aquela das suas constantes. (...) Pode-se, pois, dizer que, para cada sociedade, a relação entre condutas normais e condutas especiais é complementar. Isso é evidente no caso do xamanismo e da possessão; mas não seria menos verdadeiro no caso de condutas que a nossa própria sociedade recusa agrupar e legitimar em *vocações*, abandonando o cuidado de realizar um equivalente estatístico a indivíduos sensíveis (por razões históricas, psicológicas, sociológicas ou fisiológicas, pouco importa) às contradições e às lacunas da estrutura social. (ibid., p. 159-60)]

A semelhança entre o feiticeiro (o xamã) e o psicanalisado ocupa o centro dos dois ensaios de 1949 – *Le Sorcier et Sa Magie* e *L'Efficacité Symbolique* (L-S, 1958, p. 183-226) – que, com a "Introdução a Mauss", contemporâneo deles, encerram um complexo de ideias orientando todo o pensamento de Lévi-Strauss nessa época. Estas ideias se agrupam em torno da identificação do conceito de *inconsciente* ao de função simbólica (L-S, 1958, p. 225). Por isso, a comparação entre magia e psicanálise torna-se seu contexto natural.

Ora, não se terá muita dificuldade em aproximar as "efusões simbólicas" (L-S, 1958, p. 200) dos feiticeiros, dos participantes das cerimônias de possessão ou dos neuróticos – que encerram uma aspiração ao "equilíbrio social" (L-S, 1950, p. XXI) – da metáfora da utopia social desenhada pelas mulheres caduveu no rosto de seus compatriotas. Em todos estes casos, o imaginário toma a seu cargo as insuficiências da sociedade, suprindo-as, seja através da elaboração de um objeto estético, seja por meio de condutas mágicas institucionalizadas ou, ainda, de puros relatos individuais do gênero psicanalítico.

Mas se a expressão artística é uma "síntese simbólica" ligada, enquanto tal, à desarmonia psicossocial acarretada pela incomensurabilidade dos diversos sistemas de simbolizacão, ela se prende igualmente – acabamos de vê-lo – à outra defasagem do processo de simbolizacão: à assimetria significante/significado. Pois a invenção estética serve-se do significante flutuante. A ideia desta dupla conexão da arte – de um lado com a defasagem manifestada na subsistência de um significante flutuante; do outro, com a defasagem revelada pela existência na sociedade de indivíduos "periféricos" solicitados, *de facto* ou *de jure*, a criar sínteses simbólicas imaginárias – é tanto mais fácil de admitir quanto estas duas defasagens, elas próprias, estão em relação. Com efeito, a seção da *Anthropologie Structurale* de que se acaba de falar não se limita a fazer eco à noção das duas assimetrias da simbolização; estabelece uma relação entre estas: "(...) *la pensée normale souffre toujours d'un déficit de signifié, tandis que la pensée dite pathologique (au moins dans certaines de ses manifestations) dispose d'une pléthore de signifiant*" (L-S, 1958, p. 200) ["(...) o pensamento normal sofre sempre de um déficit de significado, ao passo que o pensamento dito patológico (ao menos em algumas de suas manifestações) dispõe de uma pletora de significante" (AE, p. 210)].

Vê-se então que o pensamento "periférico" (correlativo da assimetria entre os sistemas de simbolização) se adjudica o significante flutuante (correlativo da defasagem inerente à função simbólica). A cultura primitiva sabiamente reconheceu a realidade de uma tal relação:

na cura mágica, ela convida o xamã, que dispõe de um excesso de significante, a investir esta riqueza excedente numa situação onde o doente, preso à desordem de não poder compreender o que lhe acontece, encarna por isso mesmo o déficit de significado consubstancial à vida da sociedade (ibid., ibid.). A cura xamanística visa a estabelecer um equilíbrio momentâneo entre "a oferta e a procura" do sentido; rito de mediação, ela se nutre de uma colaboração mútua do xamã, do doente e do público, colaboração repousando ela própria sobre uma profunda lucidez quanto às contradições dos universais da cultura.

Na medida em que o pensamento "periférico", enquanto ativação do processo de simbolização, manifesta uma compreensão tão penetrante de uma problemática central da cultura, falar de experiência "anormal" ou "patológica" não tem mais sentido. O xamanismo e a possessão são sem dúvida fenômenos especiais, práticas excepcionais; o que não impede que permaneçam *no coração do social*. A condição psíquica que eles implicam – a "mania", o "furor", a loucura divina e/ou divinatória – não é somente uma categoria médica, é também *"un grand fait humain sur lequel on n'a pas fini de réfléchir"* (Gernet, 1968) ["um grande fato humano sobre o qual ainda não se refletiu o bastante"].

Este fato, a aurora da civilização ocidental reconheceu-o também, por meio de uma forma de experiência religiosa que, por ser sob vários aspectos profundamente diferente do xamanismo ameríndio ou dos ritos de possessão das sociedades africanas, não deixa de ter analogias com eles: o dionisismo, tornado tema favorito da "filosofia da cultura" desde Nietzsche, Rohde e Freud (*Totem e Tabu*, v IV, p. 6), e que foi mais recentemente objeto do notável estudo de Henri Jeanmaire (1951). Somente, com efeito, o reconhecimento de uma dialética fundamental entre o pensamento periférico e a vida da sociedade explicaria: porque o delírio báquico de bandos limitados era seguido pelo resto da comunidade *"avec une sympathie qui participe"* (Gernet, 1968, p. 82) ["com uma simpatia que participa"]; de onde a *"catharsis"*, mesmo antes do nascimento da tragédia, tirava seu sentido de alívio coletivo; porque, ainda, o dionisismo ia *"dans la direction de la religion la plus individuelle"* ["na direção da religião mais individual"] ao mesmo tempo em que se comprazia *"dans la socialité exaspérée de la bacchanale"* (id., ibid.) ["na socialidade exasperada da bacanal"]; e, enfim, porque a mulher, a mênade, cujo papel foi capital no dionisismo, estava *"appelée à représenter, dans la société, un principe qui s'oppose à la société elle-même et dont celle-ci a pourtant besoin"* (id., ibid., p. 84) ["chamada a representar, na sociedade, um princípio, que se opõe à própria sociedade – e de que esta, no entanto, necessita"]. Este princípio de contestação do social, reconhecido, como necessário pela própria sociedade, poderíamos considerá-lo de bom grado como um *Leitmotiv* da obra de Lévi-Strauss. Aliás, num ensaio quase contemporâneo do *Dionysos* de Jeanmaire – "Le Père Noël Supplicié" (*Les Temps Modernes*, n. 77) – Lévi-Strauss analisa-o ao nível mesmo do rito.

Servindo-se do significante flutuante, produzindo mediações simbólicas imaginárias, a arte partilha, de uma certa maneira, a condição da magia. Mas, se assim é, do mesmo modo que *"il faut voir dans les conduites magiques la réponse à une situation qui se révèle à la conscience par des manifestations affectives, mais dont la nature profonde est intelectuelle"* (LS, 1958, p. 202) ["é necessário ver nas condutas mágicas a resposta a uma situação que se revela à consciência por manifestações afetivas, mas cuja natureza profunda é intelectual" (AE, p. 212)] – já que ela se liga à própria essência da função simbólica e do fenômeno do sentido – é preciso aceitar a ideia de que a criação artística, ao nível de suas fontes, e mesmo se ela brota do inconsciente, está ligada a um processo intelectual. Ainda que ela esteja fortemente motivada por condicionamentos de ordem emocional, a arte não se elabora senão ao despertar incessante de uma problemática da significação: aporias insuperáveis do esforço, sem cessar retomadas, de interpretação do universo.

Aprendemos a importância da relação entre a arte e a função simbólica em geral, vimos que ela está intimamente ligada às defasagens acompanhando o próprio exercício da simbolização pressuposto pela cultura. Esta análise retomou e enriqueceu a do primeiro nível da estética estrutural. Até aqui, contudo, o acento foi posto sobre a simbolização e suas vicissitudes, e não sobre a arte enquanto manifestação *particular* da função simbólica. Na "Introdução a Mauss", a arte em si não é objeto senão de uma rápida alusão. Ao contrário, sua especificidade será o tema de toda uma seção de *La Pensée Sauvage*.

O domínio específico da arte

Lévi-Strauss empreende a delimitação do domínio específico da arte opondo-a ao mesmo tempo ao mito e à ciência. Oposição não quer dizer aqui diferença pura e simples: de fato, *"l'art s'insère à mi-chemin entre la connaissance scientifique et la pensée mythique ou magique"* (L-S, 1962, p. 33) ["a arte se introduz a meio caminho entre o conhecimento científico e o pensamento mítico ou mágico"].[2]

O pensamento mítico trabalha com *signos*, isto é, com unidades constitutivas cujas combinações possíveis são limitadas; a ciência opera com *conceitos*, isto é, com representações muito mais "livres", já que possuem uma capacidade referencial idealmente ilimitada. Além disso, o pensamento mítico, *"sorte de bricolage intellectuel"* ["espécie de bricolagem intelectual" (PS, p. 38)], elabora estruturas reorganizando resíduos de acontecimentos, ao passo que a ciência, cuja finalidade é criar, ela própria, acontecimentos, utiliza ao contrário as estruturas (suas hipóteses e teorias) como meio (ibid., p. 26-33). Por conseguinte, voltamos a encontrar aqui a diversidade das *"démarches"*

---

[2] Claude Lévi-Strauss, *O Pensamento Selvagem*. Trad. Maria Celeste da Costa e Souza e Almir de Oliveira Aguiar. São Paulo, Companhia Editora Nacional, 1970, p. 43. (Daqui para a frente, apenas PS.)

respectivas da simbolização e do conhecimento. O mito, cujo sonho é escapar à história – os acontecimentos aos quais ele se reporta formam uma estrutura que se refere simultaneamente ao passado, ao presente e ao futuro (L-S, 1958, p. 231) – é animado por *"la protestation qu'il élève contre le nonsens"* ["o protesto que ele levanta contra o não sentido"], o que não significa nada mais do que isto: o pensamento mítico assume por sua vez a expressão da defasagem inevitável entre significante e significado. Por seu lado, a ciência, sempre "em marcha", procedendo por retificações sucessivas, não aspira senão ao conhecimento, e não ao sentido.

A meio caminho entre o sábio e o *bricoleur* (análogo da invenção mítica), o artista, *"avec des moyens artisanaux, confectionne un objet matériel qui est en même temps objet de connaissance"* ["com meios artesanais, ele confecciona um objeto material que é, ao mesmo tempo, um objeto de conhecimento" (PS, p. 43)]. A primeira *"démarche"* da análise de Lévi-Strauss[3] consistirá em melhor precisar a natureza deste objeto material confeccionado pelo artista. Ora, este objeto, no que concerne à imensa maioria das obras de arte, é um *modelo reduzido*. Isso é óbvio quanto ao retrato em estilo miniaturizado de Clouet; mas Lévi-Strauss desenvolve este conceito até fazê-lo comportar todo o campo da representação plástica, já que toda transposição gráfica ou plástica, mesmo quando não se trata de uma redução de escala, implica a renúncia a certas dimensões do objeto. Assim, a pintura renuncia ao volume, a escultura, às impressões olfativas e táteis, e ambas, à dimensão temporal do que é figurado.

Esta última observação, cuja legitimidade coloca o discurso estético de *La Pensée Sauvage* na herança do *Laokoon* de Lessing, não é tampouco difícil de aplicar – com qualificações segundo os casos – ao conjunto das artes. Com efeito, ela remete simplesmente a uma qualidade

---

[3] Recorre como ilustração ao retrato de Elisabeth da Áustria, do Louvre, atribuído (Wilenski, 1949, p. 32) a François Clouet, mas vale de fato para a obra de arte em sentido amplo, o produto artístico em geral.

inseparável de toda figuração artística, seja ela plástica, musical ou literária: sua infidelidade às aparências sensíveis. Aí está uma condição intrínseca de toda mímese estética, à qual somente a doutrina naturalista, aliás sem sucesso, acreditou poder se opor (o "natural" dos clássicos estando antes do lado da razão do que da natureza); e que, de qualquer modo, incorporou-se definitivamente à consciência estética moderna desde a provocação de Baudelaire: *"Qui oserait assigner à l'art la fonction stérile d'imiter la nature?"* ["Quem ousaria designar à arte a função estéril de imitar a natureza?"].

Inversamente, no que se relaciona à aplicação a outras artes do conceito da obra como modelo reduzido, poderíamos ater-nos ao sentido estrito da redução, isto é, à ideia de uma redução de escala. Este seria notadamente o caso da literatura; pois que a rigor (e sob a condição de levar em conta o caráter necessariamente mais "abstrato" da arte verbal, comparado às expressões plástica e musical) toda obra literária é um modelo reduzido. Isto é bastante evidente na literatura dramática, onde a concepção da cena como *"theatrum mundi"* não cessou de se afirmar, de Cícero aos mistérios da Idade Média e do barroco a Samuel Beckett. Mas a arte da narrativa não é menos fiel à visão da obra como miniatura do universo: quer se trate do *Gilgamesh*, da *Ilíada* ou da *Commedia*, das *Mil e Uma Noites*, de *Gargantua* ou do *Dom Quixote*, de *Tom Jones* ou da *Comédia Humana*, de *Guerra e Paz* ou dos *Demônios*, da *Recherche*, de *Ulisses* ou do *Castelo*, toda grande narração apresenta-se como um microcosmo. Enfim, mesmo a poesia lírica (talvez em parte por intermédio do "topos" "livro do mundo",[4] tão persistente desde a Idade Média até Goethe) adotou a redução mimética. Somente a consideração mais atomista de suas obras-primas poderia deixar de perceber-lhes o caráter de espelho simbólico dos sentimentos, ou de diagrama das

---

[4] Podemos seguir o itinerário do topos da analogia entre o livro e o mundo, assim como de sua "inversão" (o livro tornado mundo, na perspectiva da *"cosmography of the self"* de Sir Thomas Browne) na obra clássica de Ernst Robert Curtius (1948, cap. XVI).

emoções; é aliás um aspecto central desta vocação mimética – a lógica de seu objeto, impondo por sua vez uma ordem à própria redução – que faz com que as *Rimas* de Petrarca, tanto quanto *Les Fleurs du Mal*, não se limitem a ser coletâneas ondeos poemas se encadeiam ao acaso, em vez de expor uma estrutura sabiamente ordenada.⁵

Podemos encontrar o melhor dos *"pedigrees"* para o conceito da obra de arte como modelo reduzido. A originalidade da estética estrutural vem, contudo, de que ela invoca uma relação entre a redução e a especificidade própria do *conhecimento estético*. Este, pelo fato de que se constitui na e pela redução, é uma espécie de inversão do processo do conhecimento. *"A l'inverse de ce qui se passe quand nous cherchons à connaître une chose ou un être en taille réelle, dans le modèle réduit* la connaissance du tout précède celle des parties" (L-S, 1962, p. 35) ["Inversamente do que se passa quando procuramos conhecer uma coisa ou um ser do tamanho natural, no modelo reduzido *o conhecimento do todo precede o das partes*" (PS, p. 45)]. A forma puramente intelectual do conhecer é analítica; deriva da metonímia; a forma estética do conhecer é sintética, e se confunde com a metáfora.

Além disso, o modelo reduzido é *construído*. Isto quer dizer que ele não se dá como um simples "homólogo passivo" do objeto: *"Il constitue une véritable expérience sur l'objet"* (ibid., ibid.) ["constitui uma verdadeira experiência sobre o objeto" (ibid., ibid.)]. Daí a possibilidade de compreender como ele é feito. Entretanto, assim como o demonstra, por exemplo, a apreensão das diferentes "maneiras" dos pintores, aprender o modo de fabricação da obra significa sempre dar-se conta, ao mesmo tempo, *da possibilidade de modificá-lo*: já que a escolha de uma solução técnica qualquer, a determinação de *um* modo de

---

⁵ Durante muito tempo habituado às implicações da versão romântica da ideia de inspiração, o espírito contemporâneo não presta sempre atenção à riqueza da arquitetura de algumas das coletâneas mais densas da tradição lírica. Hugo Friedrich (1956, cap. II) lembrou muito bem que as qualidades de estrutura das *Fleurs du Mal* aparecem já na distribuição dos poemas.

fazer, eleito entre outros, leva a um resultado circunscrito pela totalidade daqueles mesmos que foram excluídos. Ora, na contemplação da obra, o espectador recupera, por assim dizer, essas outras modalidades possíveis de sua existência. Neste sentido, torna-se também *agente*, na medida em que sua contemplação o transforma em operador ideal de uma obra possível, deixada na sombra dos seres potenciais pela escolha do artista. *"Par la seule contemplation, le spectateur est, si l'on peut dire, envoyé en possession d'autres modalités possibles de la même oeuvre, et dont il se sent confusément créateur à meilleur titre que le créateur lui-même, qui les a abandonnées en les excluant de sa création; et ces modalités forment autant de perspectives supplémentaires, ouvertes sur l'oeuvre actualisée"* (ibid., p. 36) ["Pela simples contemplação, o espectador é, se assim se pode dizer, enviado à posse de outras modalidades possíveis da mesma obra, e da qual ele se sente confusamente criador, a melhor título que o próprio criador, que as abandonou, excluindo-as de sua criação, e essas modalidades formam outras tantas perspectivas suplementares, abertas sobre a obra atualizada" (ibid., p. 36)].

A concepção dinâmica da contemplação da obra de arte é tanto mais fácil de reter quanto, num certo sentido, a psicologia da percepção a confirma. Analisando a percepção das obras plásticas à luz da psicologia da Gestalt, Arnheim (1954, p. 6) sustentou que toda configuração visual é dinâmica, o *ver* sendo sempre uma percepção da *ação*. Mas o dinamismo da percepção não poderia ser atribuído simplesmente ao domínio das forças físicas agindo do exterior sobre o espectador. Experiências variadas, entre as quais as de Wertheimer sobre o movimento ilusório, persuadiram os gestaltistas de que o campo de forças eletroquímicas contido no cérebro opera segundo uma interação *livre* relativamente à divisão compartimental que se encontra no nível dos receptores retinianos. Assim, a ação do percebido está do lado do espectador, e não mais somente do lado do espetáculo.

Quanto à estética contemporânea, ela fez largamente sua a ideia de que a obra é caracterizada pelas *transformações* que ela comporta, por todas as diversas modalidades de sua leitura, de sua contemplação ou mesmo (no caso de certas obras plásticas modernas) de sua manipulação concreta. O esteta italiano Umberto Eco dedicou a este tema um livro já célebre, *Opera Aperta*, onde ele se preocupa em mostrar que a obra "aberta" não é, por outro lado, menos dotada das virtudes da forma, porquanto, se é verdade que o espectador pode atacá-la a partir de não importa que ângulo, também é certo que ela não deixará de se apresentar como uma *forma*, qualquer que seja a perspectiva escolhida (Eco, 1962, p. 50).

Mas é sobretudo a própria evolução do pensamento estético que corrobora o conceito estruturalista da obra enquanto modelo reduzido. Com efeito, a característica mais evidente da teoria do modelo reduzido é colocar a *obra* no centro da reflexão. Uma evocação sintética da história da estética nos ajudará a compreender quanto este aspecto corresponde intimamente às tendências mais fortes do desenvolvimento teórico atual.

Já a realização inaugural da estética no Ocidente, a *Poética* aristotélica, centrara-se sem dúvida sobre a obra; mas este caminho foi abandonado, antes mesmo que terminasse a Antiguidade, a favor de uma *estética do autor*, cujo "*locus classicus*" é o tratado "sobre o sublime" do chamado *Longinus* (1º século de nossa era). Com sua defesa da "elevação" do velho estilo clássico, saído da "grandeza de alma" dos escritores, este pequeno tratado, origem da estética psicologista, contém uma condenação da retórica alexandrina no rasto de Horácio, de Filodemo de Gadara e da querela entre o aticismo e o asianismo (Atkins, 1934, vol. II, p. 214, 47-56; Wimsatt e Brooks, 1957, p. 97). Mas a referência à retórica permite-nos descobrir um traço típico da literatura estética da época: o normativismo. A atitude normativa dominou a reflexão sobre a arte desde Horácio até o século XVIII, reprimindo (ainda que sem suprimi-la integralmente) o impulso analítico da *Poética* de Aristóteles.

O normativismo da tradição clássica restaurou de algum modo a importância central da obra ameaçada pelos esboços de uma estética psicologista; mas a "obra" não era então mais do que o lugar geométrico das normas de gosto definidas *a priori*. Eis porque a estética moderna, isto é, a estética como teoria da autonomia da arte, teve que passar pelo renascimento do primado do psicologismo, desta vez sob a forma de uma doutrina da contemplação – o normativismo clássico tendo sido minado pela especulação sobre o *gosto*. Nessa perspectiva, a *Crítica do Juízo*, fundamento da estética moderna (pois que ela contém a primeira tentativa sistemática de estabelecer analiticamente a autonomia da experiência estética) representa a maturidade da nova teoria psicológica do belo.

Em virtude de um complexo de razões histórico-culturais que não nos cabe recordar aqui, o advento do romantismo imprimiu um sentido inteiramente novo às contribuições decisivas da estética kantiana. Numa palavra, passou-se da autonomia da experiência estética *ao imperialismo da arte*. Com Schelling e os grandes românticos alemães, a criação artística ganha lugar de metafísica. Inicia-se um esteticismo transcendental, que não hesita em considerar a realidade empírica um subproduto da atividade criadora. Entretanto, a verdadeira consciência da autonomia da arte era solidária da ideia da *especificidade* do objeto artístico: a obra. Tornada teoria da intuição criadora, a estética romântica insensivelmente se transformou em discurso sobre o ser, em detrimento da análise das produções da arte. O esquecimento da especificidade da obra pôde, por isso, sobreviver ao declínio da metafísica romântica. Já para Hegel e os teóricos de inspiração positiva sobretudo, as qualidades propriamente *estéticas* da obra começam a ser negligenciadas pela análise, cada vez mais preocupada em falar dos produtos artísticos enquanto reflexos do *Zeitgeist* ou das circunstâncias exteriores. O biografismo, o sociologismo se instalam, assim como a teoria da arte engajada (inversão pura e simples do moralismo antiestético remontando a Platão), que partilha com eles uma cegueira metódica frente ao caráter especificamente estético da obra. Neste sentido, Sainte-Beuve, Taine e Tolstói procedem todos do mesmo substrato ideológico.

Sob muitos aspectos, a estética contemporânea foi uma reação contra a predominância deste reducionismo generalizado. Ela começou contudo – com Croce – por um esforço muito duvidoso a fim de restabelecer a noção da autonomia da arte, reatando com a teoria idealista da intuição. Assim, e por muito tempo, *a reconquista da consciência da obra* foi muito mais o resultado de investigações particulares (tais como a teoria da "pura visibilidade" na Alemanha ou o desenvolvimento da crítica literária antivitoriana) e das reflexões de artistas (Proust, Eliot, Valéry, Joyce, Schoenberg, Kandinsky, Eisenstein, Brecht, etc.) – na maior parte ligados ao desenvolvimento das posições da arte de vanguarda do século XIX – do que da estética propriamente dita.

Seja como for, o aprofundamento da estética contemporânea se identificou cada vez mais à tendência a centrar o estudo sobre a obra de arte, e sobre o *fazer* artístico em particular – o que não tardou a impor a recusa da "nova" estética idealista no sentido de Croce ou de Collingwood, na qual não havia praticamente mais lugar para os problemas de técnica. Toda estética idealista sendo uma teoria da *intuição* criadora, a obra concreta nela não figura senão como *projeção* mais ou menos automática de uma faculdade do espírito; por conseguinte, nela, nenhuma problemática técnica poderia se apresentar. Ao contrário, a estética da obra não repousa de nenhum modo sobre a ideia de intuição; deriva de bem outra noção de base: a de *significação*. Mas esta não remete às "faculdades do espírito" senão de uma maneira mediata; imediatamente, remete antes aos *signos*, que existem efetivamente (e não somente enquanto matéria) *fora* do espírito, na obra – precisamente – que eles constituem. A estética da significação substitui assim naturalmente o conceito de sujeito, tema privilegiado do idealismo, pelo *conceito da obra enquanto sistema de signos* (Mukaróvsky).

Ora, eis que a teoria lévi-straussiana da redução está centrada sobre uma analítica da obra, e que ela atribui justamente um valor especial ao aspecto "construção" da arte. Encontra-se pois, de uma maneira que não tem nada de episódico, com algumas das linhas diretoras do pensamento estético contemporâneo.

Contudo, Lévi-Strauss enriquece ainda sua caracterização da obra acrescentando-lhe uma *relação específica ao acontecimento*. Vimos que a arte, conhecimento por meio de signos, se situa a meio caminho entre a ciência e o mito. Do ponto de vista da prioridade da estrutura ou do acontecimento, a arte ocupa assim uma posição intermediária. A ciência fabrica acontecimentos com suas estruturas teóricas, ao passo que o mito elabora estruturas a partir dos acontecimentos. Mas a arte une antes a ordem da estrutura e a ordem do acontecimento (L-S, 1962b, p. 37). Assim – para voltar ao retrato de Clouet –, o gênio do pintor consiste em concentrar o conhecimento *interno* da (por exemplo) arandela de renda usada por Elisabeth da Áustria, em apreendê-la em sua morfologia própria, e a representação de seu meio espaço temporal:

> *Le résultat final est la collerette de dentelle, telle qu'elle est absolument, mais aussi telle qu'au même instant son apparence est affectée par la perspective où elle se présente, mettant en evidence certaines parties et en cachant d'autres, dont l'existence continue pourtant d'influer sur le reste: par le contraste entre sa blancheur et les couleurs des autres pièces du vêtement, le reflet du cou nacré qu'elle entoure et celui du ciel d'un jour et d'un moment; telle aussi, par ce qu'elle signifie comme parure banale ou d'apparat, portée, neuve ou usée, fraîchement repassée ou froissée, par une femme du commun ou par une reine, dont la physionomie confirme, infirme, ou qualifie sa condition, dans un milieu, une société, une région du monde, une période de l'histoire...*

[O resultado final é o cabeção de rendas, tal como é absolutamente, mas, também, tal como aparece, no mesmo instante, modificado pela perspectiva em que se apresenta, pondo em evidência certas partes e ocultando outras, cuja existência continua, contudo, a influir sobre o restante: pelo contraste entre sua brancura e as cores das outras peças do vestuário, o reflexo do pescoço nacarado, que circunda, e o do céu de um dia e de um momento; tal também, pelo que significa como enfeite banal ou de aparato, trazido – novo ou usado, passado a ferro há pouco ou amarrotado – por uma mulher vulgar ou por uma rainha, cuja fisionomia confirma, anula ou qualifica sua condição, num meio, numa sociedade, numa região do mundo, num período da história... (ibid., p. 46-47)]

Se desejássemos agora estabelecer o quadro dos critérios que serviram para comparar as três dimensões da ciência, do pensamento mítico e da arte, obteríamos (afetando, conforme é uso, o sinal + ao primeiro termo, e o sinal – ao segundo termo de cada oposição):

	Ciência	Mito	Arte
produção de objetos de conhecimento/ produção de objetos de não conhecimento	+	–	+
operação por meio de conceitos/ operação por meio de signos	+	–	–
prioridade do acontecimento/ prioridade da estrutura	–	+	

Constatamos portanto que a prioridade do acontecimento ou da estrutura não é pertinente no caso da arte. Mas isto se refere ao modo de operação. Se nós nos voltamos para a maneira de figurar a realidade (mímesis) – afastando ao mesmo tempo a ciência, que não possui, a este respeito, nenhuma pretensão –, parece que a "*démarche*" da arte inverte a do mito. Com efeito,

> *l'acte créateur qui engendre le mythe est symétrique et inverse de celui qu'on trouve à l'origine de l'oeuvre d'art. Dans ce dernier cas, on part d'un ensemble formé d'un ou de plusieurs objets et d'un ou de plusieurs événements, auquel la création esthétique confère un caractère de totalité par la mise en évidence d'une*

structure commune. Le mythe suit le même parcours, mais dans l'autre sens: il utilise une structure pour produire un objet absolu offrant l'aspect d'un ensemble d'événements (puisque tout mythe raconte une histoire). L'art procède donc à partir d'un ensemble: (objet + événement) et va à la découverte de sa structure; le mythe part d'une structure, au moyen de laquelle il entreprend la construction d'un ensemble: (objet + événement). (L-S, 1962b, p. 38)

[o ato criador que gera o mito é simétrico e inverso ao que se encontra na origem da obra de arte. Nesse último caso, parte-se de um conjunto formado por um ou por vários objetos e por um ou por vários acontecimentos, ao qual a criação estética confere um caráter de totalidade, pondo em evidência uma estrutura comum. O mito segue o mesmo percurso, mas noutro sentido: utiliza uma estrutura para produzir um objeto absoluto que ofereça o aspecto de um conjunto de acontecimentos (já que todo mito conta uma estória). A arte procede, por conseguinte, a partir de um conjunto: (objeto + acontecimento) e vai à *descoberta* de sua estrutura; o mito parte de uma estrutura, por meio da qual empreende a *construção* de um conjunto: (objeto + acontecimento). (ibid. p. 47)]

Do ponto de vista mimético, portanto, a comparação entre a arte e o mito se apresenta assim:

	MITO	ARTE
meio = estrutura/ " = conjunto objeto + estrutura	+	−
fim = figuração de uma estrutura fim: figuração do conjunto objeto + acontecimento	−	+

Vemos que a experiência do acontecimento é constitutiva da arte. Eis um ponto sobre o qual Lévi-Strauss não deixa dúvida. Realmente, poderíamos de início interpretar a análise da síntese do objeto e de seu quadro histórico, no caso da arandela de renda do retrato de Clouet, como um fenômeno restrito a um *certo tipo de arte*: a pintura figurativa tal como ela se formou no Ocidente. Para mostrar que não se trata disso, Lévi-Strauss desenvolve seu pensamento (L-S, 1962b, p. 39-44). Faz-nos ver o acontecimento como um *modo da contingência*, "*dont l'intégration à une structure engendre l'émotion esthétique*" ["cuja integração a uma estrutura (...) gera a emoção estética" (ibid., p. 48)]. Esta generalização acabará por levá-lo a uma tipologia do diálogo da arte com a contingência contendo, entre outras ideias, a de uma distinção entre a arte (plástica) primitiva e a arte ocidental.

Vamos passar-lhe a palavra:

> *Selon le style, le lieu, et l'époque, cette contingence se manifeste sous trois aspects différents, ou à trois moments distincts de la création artistique (et qui peuvent d'ailleurs se cumuler): elle se situe au niveau de l'occasion, de l'exécution, ou de la destination. Dans le premier cas seulement la contingence prend forme d'événement, c'est-à-dire une contingence extérieure et antérieure à l'acte créateur. L'artiste appréhende celle-ci du dehors: une attitude, une expression, un éclairage, une situation, dont il saisit le rapport sensible et intelligible à la structure de l'objet que viennent affecter ces modalités, et qu'il incorpore à son ouvrage. Mais il se peut aussi que la contingence se manifeste à titre intrinsèque, au cours de l'exécution: dans la taille ou la forme du morceau de bois dont le sculpteur dispose, dans l'imperfection des outils dont il se sert, dans les résistances qu'oppose la matière, ou le projet, au travail en voie d'accomplissement, dans les incidents imprévisibles qui surgiront en cours d'opération. Enfin, la contingence peut être extrinsèque, comme dans le premier cas, mais postérieure (et non plus antérieure) à l'acte de création: c'est ce qui se produit chaque fois que l'ouvrage est destiné à un usage déterminé, puisque ce sera en*

fonction des modalités et des phases virtuelles de son emploi futur (et donc en se mettant consciemment à la place de l'utilisateur) que l'artiste élabore son oeuvre.

Selon les cas par conséquent, le procès de la création artistique consistera, dans le cadre immuable d'une confrontation de la structure et de l'accident, à chercher le dialogue, soit avec le modèle, *soit avec la* matière, *soit avec* l'usager, *compte tenu de celui ou de celle dont l'artiste au travail antecipe surtout le message. En gros, chaque éventualité correspond à un type d'art facile à repérer: la première, aux arts plastiques de l'occident; la seconde, aux dits primitifs ou de haute époque; la troisième aux arts appliqués. Mais, en prenant ces attributions au pied de la lettre, on simplifierait à l'excès. Toute forme d'art comporte les trois aspects, et elle se distingue seulement des autres par leur dosage relatif. Il est bien certain, par exemple, que même le peintre le plus académique se heurte à des problèmes d'exécution, et que tous les arts dits primitifs ont doublement le caractère appliqué: d'abord, parce que beaucoup de leurs productions sont des objets techniques; et ensuite, parce que même celles de leurs créations qui semblent le mieux à l'abri des préoccupations pratiques ont une destination précise. On sait enfin que, même chez nous, des utensiles se prêtent à une contemplation désintéressée.*

[Segundo o estilo, o lugar e a época, essa contingência se manifesta sob três aspectos diferentes, ou em três momentos distintos da criação artística (e que podem, aliás, acumular-se): ela se situa no nível da ocasião, da execução ou da finalidade. No primeiro caso, somente, a contingência toma a forma de acontecimento, isto é, uma contingência exterior e anterior ao ato criador. O artista a apreende de fora: uma atitude, uma expressão, uma iluminação, uma situação, das quais ele capta a relação sensível e inteligível para com a estrutura do objeto que essas modalidades afetam e que ele incorpora à sua obra. Mas pode ser também que a contingência se manifeste a título intrínseco, no decorrer da execução: no tamanho ou na forma do pedaço de madeira de que o escultor dispõe, na orientação das fibras, na qualidade da granulação, na imperfeição das ferramentas de que ele se serve, nas resistências opostas pela matéria ou pelo projeto ao trabalho em vias de execução, nos incidentes imprevisíveis que surgirão no decurso da obra. Enfim, a contingência pode ser extrínseca, como no primeiro caso, mas posterior (e não mais anterior) ao ato de criação: é o que acontece cada vez que a obra é destinada a um determinado uso, porque será em função das modalidades e das fases virtuais de seu emprego futuro (e, portanto, colocando-se, consciente ou inconscientemente, no lugar do usuário) que o artista elaborará sua obra.

Segundo os casos, por conseguinte, o processo da criação artística consistirá, no quadro imutável de um confronto entre a estrutura e o acidente, em procurar o diálogo, seja com o *modelo*, seja com a *matéria*, seja com o *usuário*, levando em conta este ou aquela cuja mensagem em especial o artista antecipa no trabalho. Grosso modo, cada eventualidade corresponde a um tipo de arte, fácil de determinar: a primeira, às artes plásticas do Ocidente; a segunda, às artes ditas primitivas ou de época remota; a terceira, às artes aplicadas. Mas, tomando essas atribuições ao pé da letra, simplificar-se-ia excessivamente. Toda forma de arte comporta os três aspectos e apenas se distingue dos outros pela sua dosagem relativa. É bem verdade, por exemplo, que mesmo o mais acadêmico dos pintores se choca com problemas de execução e que todas as artes ditas primitivas têm duplamente o caráter de aplicadas: primeiro, porque muitas de suas produções são objetos técnicos; e, em seguida, porque, mesmo aquelas de suas criações que parecem mais ao abrigo de preocupações práticas têm uma finalidade precisa. Sabe-se, enfim, que, mesmo entre nós, os utensílios se prestam a uma contemplação desinteressada. (ibid., p. 48-49)]

Mas a verdadeira razão de estabelecimento da tipologia do diálogo entre a arte e a contingência é que Lévi-Strauss, como bom antropólogo, mas também como defensor experiente da natureza profunda da criação artística, não deseja de modo algum privilegiar as contingências extrínsecas (ocasião ou destinação) em detrimento da contingência *intrínseca* de toda obra de arte: a *execução*.

> *Nulle forme d'art ne mériterait ce nom si elle se laissait capter tout entière par les contingences extrinsèques, que ce soit celle de l'occasion ou celle de la destination; car l'oeuvre tomberait alors au rang d'icône (supplémentaire au modèle) ou d'instrument (complémentaire à la matière oeuvre). Même l'art le plus savant, s'il nous émeut, n'atteint ce résultat qu'à la condition d'arrêter à temps cette dissipation de la contingence au profit du prétexte, et de l'incorporer à l'oeuvre, conférant à celle-ci la dignité d'un objet absolu. Si les arts archaïques, les arts primitifs, et les périodes "primitives" des arts savants, sont les seuls qui ne vieillissent pas, ils le doivent à cette consécration de l'accident au service de l'exécution, donc à l'emploi, qu'ils cherchent à rendre intégral, du donné brut comme matière empirique d'une signification.*

[Nenhuma forma de arte mereceria esse nome se se deixasse captar toda inteira pelas contingências extrínsecas, seja a da ocasião ou a da finalidade; pois a obra cairia, então, ao nível de ícone (suplementar ao modelo) ou de instrumento (complementar à matéria trabalhada). Mesmo a mais erudita das artes, se nos emociona, só atinge esse resultado com a condição de parar a tempo essa dissipação da contingência em benefício do pretexto e de a incorporar à obra, conferindo-lhe a dignidade de um objeto absoluto. Se as artes arcaicas, as artes primevas e os períodos "primitivos" das artes eruditas são os únicos que não envelhecem, devem-no a essa consagração do acidente a serviço da execução, logo, ao emprego, que procuram tornar integral, do dado bruto como matéria empírica de uma significação. (ibid., p. 51)]

A estética do modelo reduzido não poderia valorizar a obra sem pôr em relevo sua dimensão técnica, sua qualidade de coisa construída. Se a noção de modelo remete naturalmente à ideia de mímese, é bem à própria complexidade desta que ela se refere, sublinhando, quer pelo caráter próprio da redução enquanto conhecimento metafórico, quer pela atenção prestada ao nível técnico da arte, o fato de que a *referencialidade* da obra não põe nunca em causa a essencial *autonomia* de seu modo de ser.

O CONCEITO SINTÉTICO DA ARTE

Nas duas primeiras seções desta segunda parte de nossa exposição, seguimos o texto de Lévi-Strauss ao pé da letra; dele não nos afastamos a não ser para comparar algumas ideias de sua reflexão estética às posições da teoria contemporânea. Constatamos assim que Lévi-Strauss se ocupa da arte a partir de duas perspectivas distintas: (1) do ponto de vista de sua origem, isto é, das particularidades do processo de simbolização inerente à cultura; (2) do ponto de vista de seu modo de operação específico. Ora, estas duas perspectivas distintas, a obra de Lévi-Strauss – não pretendendo nunca constituir uma teoria estética sistemática – trata-as *separadamente*. Igualmente, o discurso sobre a especificidade da atividade artística (2) em *La Pensée Sauvage* não remete, pelo menos explicitamente, à noção de significante flutuante (1) apresentada na "Introdução a Mauss". A delimitação do campo da arte por oposição aos do mito e da ciência nos confiou o conteúdo específico do conceito estrutural da obra de arte, mas este conteúdo não é posto em relação com o fenômeno das defasagens da comunicação simbólica assinalado doze anos antes.

Estas duas perspectivas não são contudo contraditórias, longe disso. Estamos persuadidos de que estes elementos teóricos, dados de maneira descontínua, podem ser reunidos numa verdadeira síntese. Esta síntese poderia ser esquematizada mediante algumas proposições de base:

a) a arte toma parte na dialética mesma do processo de simbolização indissociável da cultura, e em particular da contínua emergência do fenômeno do "significante flutuante", materializada na ação dos indivíduos encarregados da realização de sínteses imaginárias, cujo sentido se prende, por sua vez, à persistência da irredutibilidade mútua dos diversos sistemas simbólicos que constituem a vida social;

b) esta origem, a arte a partilha com o mito, a religião, etc. Ao contrário, do ponto de vista de seu modo de ser *específico*, a arte aparece como uma atividade situada a meio caminho entre a ciência e a invenção mítica. Existe uma forma de *conhecimento* que opera por meio de *signos* e não de conceitos; produz objetos que são uma *redução* das entidades reais, o que distingue o conhecimento estético, de vocação metafórica, do conhecimento científico;

c) esta última característica põe em evidência o lado artesanal da obra de arte, de suas qualidades de objeto *construído*, e isto tanto do ponto de vista do autor como do ponto de vista do espectador;

d) enfim, a arte pretende, como o mito (e diversamente da ciência) imitar o aspecto fenomênico do real; mas, ao passo que o pensamento mítico parte de uma estrutura para a figuração de um conjunto objeto/acontecimento, a arte faz o trajeto inverso: visa à figuração de uma estrutura por meio de um diálogo com as formas da contingência, a saber, ora com as dificuldades da execução da obra, ora com as particularidades históricas do modelo, ora com as vicissitudes da destinação do objeto artístico – ainda que, sob este aspecto, o diálogo com a contingência da execução pertença, com mais razão do que os outros, ao coração da experiência criadora.

Tal seria o conceito sintético da obra de arte segundo Lévi-Strauss. Vimos que o mesmo coincide admiravelmente com as teses da pesquisa atual no que concerne à autonomia da arte e à substituição de todo psicologismo por uma análise centrada sobre a obra e suas dimensões técnico-semânticas.

Há, contudo, um aspecto sobre o qual, mesmo levando em conta o caráter sumário de nossa exposição, não chamamos bastante a atenção: a qualidade de *conhecimento* investida pela arte. Com efeito, as outras modalidades de ativação do significante flutuante – o mito e as ações mágicas – não se dão como formas de conhecimento; a arte, sim. Este atributo epistemológico não é de nenhum modo, já o observamos, suscetível de ser confundido com o conhecimento científico; contudo, não se distingue menos do tipo de referencialidade que encontramos no mito e na magia. No que se refere ao cognitivo, o mito avizinha-se da magia, não da arte. As encenações da magia têm sem dúvida um fundamento *mimético*, assim como a arte; mas, imitando os procedimentos da natureza, não procuram senão obter fins práticos; ao contrário, a imitação em que consiste a obra de arte não tem outra finalidade do que se dar a ver. A magia pertence ao agir; ela se quer eficaz; a arte pertence ao fazer; é destinada à contemplação.

Esta contemplação do imitado na obra de arte lembra evidentemente o perscrutar atento da atitude científica. Mas é aqui que as coisas se complicam, pois que se poderia dizer que o conhecimento transmitido pela obra de arte "se desprende" de seu conteúdo mimético mais do que se mostra nele. O conteúdo mimético da arte não é nunca o simples "veículo" de um conhecimento qualquer. Tomando-o como tal, iríamos de encontro ao mesmo tempo à sua insuficiência do ponto de vista da representação fiel da realidade. Entretanto, este conteúdo não é mais simplesmente *estranho* a um conhecimento. É sobre a base deste paradoxo que sempre viveram duas tendências unilaterais, simetricamente opostas, da estética: o naturalismo, desde a *"ut pictura poësis"* clássica ao zolaísmo;

e a tendência a identificar a afirmação da autonomia da arte à recusa de toda dimensão cognitivo-mimética.

A subordinação da ideia de mímese a um modelo fotográfico, naturalista, impediu por muito tempo o reconhecimento do caráter mimético de toda arte, sem prejuízo, certamente, da variedade dos objetos imitados nem da variedade dos modos de imitação. As artes de objetos inapreensíveis pela fórmula fotográfica, como o lirismo e a música, foram frequentemente consideradas não miméticas. O enriquecimento dos trabalhos de classificação das artes na estética alemã do fim do século passado não escapou a este hábito. Para um Max Dessoir, música e poesia (lírica) tinham em comum sua condição de arte temporal (por oposição à pintura, arte espacial), mas diferiam nisso em que a poesia lírica era mimética, a música não o sendo; para um Konrad Lange, ao contrário, música e lirismo são no entanto artes "lúdicas", contrastando precisamente com as artes miméticas. Renunciava-se assim à tradicional concepção global da arte como "mímesis", que remonta a Platão (*República*, 595-608) e a Aristóteles (*Poética*, 1447 a 18).

Uma estética consciente da natureza técnica e semântica da obra de arte está bem protegida contra o perigo que consiste em tomar o conceito de mímese (traindo a letra e o espírito da teoria aristotélica) por uma doutrina da sujeição da arte à realidade empírica. É por isso que Lévi-Strauss pôde sem inconveniente escolher como exemplo um retrato – isto é, a instância aparentemente mais "mimética" da arte. Paralelamente já que a mímese representativa da arte conserva sua independência frente ao real, e que o aspecto mimético da obra não poderia fazer dela completamente um ícone-imagem, mas, no máximo, um ícone-diagrama,[6] isto é, um signo onde a semelhança entre o significante e o significado *"ne concerne que les relations entre leurs parties"* ["não concerne senão

---

[6] Segundo a terminologia de Peirce. Recorda-se que Jakobson (1966, p. 28) encontra no conceito de diagrama a possibilidade de explicar os aspectos miméticos da linguagem.

às relações entre suas partes"], é muito pouco razoável pedir à arte a produção de um conhecimento "exato" do que quer que seja. Melhor ainda: *é inútil procurar o valor cognitivo de uma obra de arte ao nível do que ela figura.* Toda vez que a obra se dedica à reprodução "científica" do real, ela corre o risco (do qual se salva, às vezes, *malgrado* esta ambição e frequentemente na medida em que o artista inconscientemente a traiu), macaqueando sem sucesso a observação científica, de se afastar de uma relação que lhe é essencial: esta cumplicidade (mencionada mais acima) com o fenômeno fundamental do sentido enquanto irredutível ao conhecimento, fenômeno do qual a energia artística e mitopoética saiu.

Qualquer que seja a natureza última do conhecimento proporcionado pela arte, esta nunca pode romper suas ligações de origem com um processo constitutivo da cultura, e no interior do qual a significação prevalece sobre o conhecimento. Talvez conviesse acrescentar à definição global da arte esta ideia: que ela opera sempre por meio de uma dialética – cujas particularidades mal conhecemos – entre, de um lado, o processo de encarregar-se do significante flutuante e, por outro lado, o processo do conhecimento (sob condição de emprestar a este último um sentido mais amplo que o de conhecimento analítico).

Em todo caso, uma coisa é certa: não se poderia acusar a estética estrutural de negligenciar a função cognitiva da arte. Assim como o conceito de redução e várias de suas implicações o indicam, a obra de arte não é, para a concepção estrutural, um objeto isolado, o instrumento de um jogo gratuito; a obra nos esclarece sobre o mundo, mesmo se este "saber" não é assimilável ao conhecimento científico. A arte não é cega a respeito da realidade, mas antes está apta a esclarecê-la; e suas virtudes de construção não articulam, em última análise, senão o domínio de uma inteligência profunda da condição do homem e de seu lugar no universo. Uma das melhores definições da poesia dada pela crítica norte-americana – *"a tensional union of making with seeing (...)"* ["uma união tensa de construção com visão (...)"]

(Wimsatt, Jr. e Brooks, 1957, p. 755) – poderia muito bem ser aplicada à arte em geral.

A experiência estética é assim, lúcida perante o mundo, e esta lucidez se reencontra – ainda que sob uma forma diferenciada – tanto na criação como na contemplação. Certamente, nada seria mais errôneo do que deixar em silêncio o papel do inconsciente nos dois polos da experiência artística. Além disso, certos processos inconscientes oferecem similitudes espantosas com relação à criação estética. As técnicas próprias ao dinamismo do sonho, segundo Freud – a condensação, a substituição, a sobredeterminação –, são muito frequentemente mobilizadas no simbolismo da arte, verbal ou não verbal. Contudo, estas semelhanças não autorizam de nenhum modo o esquecimento de diferenças tão importantes entre os produtos do inconsciente e os produtos que se *abeberam* do inconsciente, como é o caso das obras de arte. Jung – que denunciou de uma maneira particularmente veemente o reducionismo psicologista disfarçado em crítica de arte – insistiu sobre a distinção entre o sonho e o poema, o primeiro sendo formado pelo inconsciente, ao passo que o último é intencionalmente e conscientemente composto (Jung, 1933, p. 175). Estas são diferenças evidentes, identificáveis pelo simples senso comum. Susanne Langer (1953, p. 245) observa que nunca se fala de um sonho inábil ou descosido, ao passo que se acusa de bom grado uma obra de arte desses mesmos defeitos.

É bastante significativo que Lévi-Strauss, quando reconhece ter outrora invocado de maneira pouco refletida os processos inconscientes a fim de explicar as criações do pensamento selvagem (L-S, 1965, p. 15), tenha citado, como exemplo do que mais lhe parecem agora reais "descobertas" lógicas do que resultados do inconsciente, as regras da poética. Por conseguinte, não é provavelmente a parte estética da pesquisa estrutural que terá de sofrer com a evolução do autor a este respeito. Evolução que, aliás, ainda que transpareça no papel reduzido do conceito de inconsciente em *La Pensée Sauvage*, com relação aos textos de 1950 mais ou menos, não conseguiu se impor a algumas críticas severas do uso lévi-straussiano do conceito de inconsciente, como Eugène Fleischmann (1966).

O problema da função cognitiva da arte nunca deixou o centro da problemática estética. Nós o encontramos no seio mesmo da reflexão contemporânea. Ernst Cassirer já se levantara contra o velho hábito idealista de dividir o espírito em várias faculdades isoladas, sobre as quais repousava "a estética da expressão" de Benedetto Croce. Para Cassirer, a arte é quando muito uma "direção" (*Richtung*) do espírito, um "comportamento", arrastando em sua ação o conjunto das faculdades humanas. O que não impede que ele tenha caracterizado esta "direção" como uma intensificação dos processos emocionais, em detrimento dos fatores intelectuais ou cognitivos. Em sua orientação geral, a estética do estruturalismo se pronuncia por um nítido reconhecimento da complexidade e do equilíbrio das funções ânimicas que entram na constituição da experiência estética. A primeira vantagem é a superação do esquecimento do valor cognitivo da arte. Na quarta parte de nosso estudo, veremos quais serão as ressonâncias desta posição quando Lévi-Strauss retomará, nas *Mythologiques*, o tema das relações entre a arte e a vida social, vários anos após os ensaios sobre a *"split representation"* de que já falamos.

É claro que o lugar concedido ao cognitivo na arte não tem nada em comum com a epistemologia estético-metafísica, apegada à ideia neoplatônica, romântica, decadente, croceana ou bergsoniana da arte como *"visio"* inefável, imediatez do conhecer, intuição mística e pura. Já observamos quanto a estética estrutural, atenta à natureza técnica e semântica da obra, se afasta sensivelmente de toda teoria intuicionista. Embora não possamos fixá-lo em nenhuma formulação puramente conceptual, o conhecimento proporcionado pela obra de arte é consubstancial à interpretabilidade palpável dos signos que a constituem; ela se desprende pouco a pouco de uma compreensão discursiva antes do que um êxtase irracional.

É a semanticidade da obra, e mais nada, que gera e suporta o conhecimento transmitido pela arte. Eis um fato que a simples "preocupação pelo signo", e simples consciência do papel primordial de sua fenomenalidade na arte, não basta para reconhecer. O formalismo eslavo, por exemplo (e até a época das *Teses* do círculo de Praga), sacrificou às vezes à noção equívoca de uma "dicotomia abstrata" (Ambrogio, 1968, p. 244-45) entre a função "comunicativa" da linguagem usual e a função "expressiva" da linguagem poética. De fato, resvalava-se frequentemente da consciência da colocação em relevo dos signos linguísticos na literatura (a célebre projeção do princípio de equivalência sobre o eixo *sintagmático*, nos termos de Jakobson) a uma espécie de mística da corporeidade do signo, onde havia pouco lugar para os valores semânticos. Ofuscada pela expressão, a poética formalista negligenciava o conteúdo.

A recuperação do sentido da semântica na arte, a reinstalação do conhecimento entre suas funções principais, distingue também a estética estrutural de duas outras correntes modernas: da estética sociológica, cujo filão mais fértil é hoje a poética musical de Theodor W. Adorno, e a estética fenomenológica.

Sem dúvida, a teoria de Adorno[7] parece atravessada por uma feroz antipatia para com a abdicação epistemológica da arte. A *Dialektik der Aufklärung* considera a renúncia da arte ao conhecimento como o resultado de uma imposição do "Iluminismo", a saber, da predominância da mentalidade tecnológica, baseada sobre a repressão dos instintos e da aspiração à felicidade. Assim como a mágica (da qual ela é herdeira), a arte permanece próxima da natureza, mas a cultura tecnológica fá-la pagar esta concessão exilando-a do reino do conhecimento (Adorno, 1947, cap. I).

Entretanto, a análise adorniana logo evolui para uma problematização da felicidade do indivíduo na cultura; o problema epistemológico passa então para segundo plano. Na *Philosophie der Neuen Musik*, apesar de suas

---

[7] Procurou-se contrastá-la com o pensamento de Lévi-Strauss, em detrimento deste: cf. Guarini, 1967.

epígrafes hegelianas, o exame da obra concreta conclui pela constatação de um fracasso: o fracasso do esforço crítico materializado em cada estilo autêntico. A razão disso é, seguramente, a "maldição do iluminismo": o fato de que a ascensão do indivíduo tem estado historicamente ligada ao modelo da cultura tecnológica repressiva ameaça sem cessar a expressão da liberdade. Assim Schoenberg cultiva a dissonância enquanto imagem sonora da diversidade individual, mas compromete ao mesmo tempo esta liberação por um domínio total, despótico, sobre o conjunto das dimensões musicais. O indivíduo reina sobre a música *"moyennant le système rationnel, mais il succombe à celui-ci"* (Adorno, 1949, cap. II) ["mediante o sistema racional, mas sucumbe a este"]. No elogio de Lutero dirigido a Josquin des Prés, *"maître des notes"* ["mestre das notas"], Adorno descobre um antepassado da exaltação spengleriana da autoridade.

"Wer Strophen liebt, der liebt auch Katastrophen" ["Quem ama as estrofes, ama também as catástrofes"]. Esta frase de Gottfried Benn poderia servir de *"motto"* à estética expressionista de Adorno, onde a hipertrofia da noção da obra como revolta falida, do estilo como ruptura infeliz e da forma como cicatriz ou sonho de vingança se duplica de uma *atrofia do valor cognitivo da arte*. Esta estética messiânica não se limita a reclamar da arte que ela conheça: exige que ela triunfe de toda opressão, e acaba por condená-la devido à sua derrota. Embora rendendo homenagem à fineza de suas análises estilísticas, é preciso reconhecer que o pensamento de Adorno equivale, ao nível do conceito da arte, a condenar a criação artística em nome de exigências que não lhe cabe satisfazer. A estética autofágica da escola de Frankfurt retomba com isso no moralismo mais exasperado.

Mas a função cognitiva da arte não subsiste tampouco nas teorias fenomenológicas. O *"magnum opus"* da estética fenomenológica, *Das Literarische Kunstwerk* de Roman Ingarden, faz depender a significação da obra das "operações subjetivas da consciência", o ser do objeto estético sendo "puramente intencional". A problemática do conhecimento não pode senão ser suprimida por esta valorização deformante do fenômeno da "constituição" do sentido da obra, que liga evidentemente a análise de Ingarden às tendências idealistas do pensamento de Husserl. Ora, conforme o mostrou Mikel Dufrenne (1953, 1º vol., p. 266-73), este idealismo impede Ingarden de dar-se conta de *"l'imanence de la signification au langage"* ["a imanência da significação à linguagem"] – isto é, da dimensão *semântica* da obra, aquela, precisamente, em que já o vimos, a estética moderna coloca a função cognitiva da arte.

Influenciado por Merleau-Ponty e por sua vontade de fugir dos resíduos idealistas da teoria de Husserl, Dufrenne quer reduzir a fenomenologia da experiência estética da imaginação constitutiva à percepção: em sua *Phénoménologie de l'Expérience Esthétique*, o estatuto do objeto estético será antes de mais nada o de um objeto percebido (ibid., p. 281-97). Assim procedendo, vem energicamente ao encontro das correntes da pesquisa americana opostas às doutrinas anglo-saxônicas do "objeto estético" de caráter idealista de Alexander, Collingwood, de Witt Parker, etc. (Ziff, 1959).

Ao invés de relacionar o objeto estético a atos da imaginação, Dufrenne relaciona-o à percepção, ao sensível. O ser do objeto estético *"est d'apparaître"* ["consiste em aparecer"]. Melhor ainda: ele é, por definição, o que *permanece* no aparecer, diversamente do percebido não estético, cujo aspecto sensível é logo *ultrapassado "vers une signification pragmatique"* ["em direção a uma significação pragmática"]. Mas esta mesma perseverança no sensível, esta fidelidade à epifania, afasta o objeto estético da representação. A percepção torna-se aqui uma exigência sem cessar renovada; o quadro que não é mais do que aparecer não se deixa no entanto reduzir a nenhuma de suas aparências. Pertence propriamente à experiência estética de nunca se afastar da percepção a favor de um pensamento que conteria o seu sentido; ao contrário, ela vai sempre *"du pensé au perçu"* ["do pensado ao percebido"].

A própria *forma*, o sentido do objeto estético enquanto ele *"répresente quelque chose"* ["representa alguma coisa"], não poderiam se colocar ao lado do pensado; eles não são *"justiciables d'un logos"* ["sujeitos à jurisdição de um logos"], comunicam-se *"au sentiment sens se laisser maîtriser par l'entendement"* ["ao sentimento sem se deixar dominar pelo entendimento"]. Nós não estamos de acordo com estas últimas afirmações. O movimento que orienta a estética de Dufrenne contra o conceito idealista de imaginação e em direção a uma lembrança da condição sensível do objeto estético é essencialmente válido; as observações sobre o excesso do percebido estético com relação a toda representação conceitual são bastante justas; mas a reiteração da separação integral entre pensamento e experiência estética, desaguando na velha mística do "sentimento", ameaça invalidar a análise, e lhe furta qualquer chance de concorrer a uma retomada da consciência da função cognitiva da arte.

Se o sentido da obra adere de tal modo ao sensível (e isso Dufrenne sublinhou-o bem), não se segue absolutamente que este sentido, desprovido de todo logos, deva ser exilado ao domínio do afetivo. Este anti-intelectualismo evoca de maneira desagradável a metafísica arbitrária da estética do romantismo; e é, de qualquer modo, basicamente estranho à estética estrutural. Esta está demasiado ligada à compreensão do pensamento selvagem e à noção de uma *lógica do sensível* (L-S, 1962a, p. 24) para poder consentir na adoção de uma simples dicotomia intelecto/percepção.

Por outro lado, a pesquisa atual não parece tampouco inclinada a admitir sem discussão uma diferença absoluta entre o sentimento e as funções cognitivas. À luz de certos temas da ética aristotélica, o papel dos *pathé* na *Poética* e, em particular, o da experiência da catarse, aparece como um mediação dialética entre o mundo das emoções e o nível do conhecimento intelectual. De fato, a ética aristotélica do período médio (tal como ela se exprime, por exemplo, nos livros V-VII da *Nicomaqueia*) é dominada pela ideia de que as paixões, tão depreciadas no pensamento de Platão, podem ser clarificadas e exprimidas pelo logos da palavra (Plebe, 1959, p. 39). Aristóteles volta-se para os sofistas contra Platão para legitimar as paixões, que serão, no livro II da *Retórica*, a base dos processos psicagógicos – da persuasão passional elevada à dignidade da razão iluminante. Entre o sentimento e o intelecto, há colaboração, e não simples oposição.

Em Dufrenne, a teoria do objeto estético como percebido consegue salvar a objetividade da obra de arte das ameaças do idealismo, mas a identificação da percepção estética a um "sentimento" afastado de todo logos cognitivo subestima demais o fato de que a obra é um sistema *inteligível* de signos, ainda que seu sentido total nunca seja redutível a uma fórmula conceitual. Considerando a arte como uma das zonas onde subsiste o pensamento selvagem (L-S, 1962b, p. 290) – este pensamento simultaneamente analítico e sintético, sempre próximo do sensível, e no qual o momento da observação não se distingue do da interpretação (ibid., p. 294) –, Lévi-Strauss escapa ao mesmo tempo ao intelectualismo e ao anti-intelectualismo. Atento à natureza mediadora do signo, fascinado pela ordem distinta mas concreta da lógica do sensível, contribui de maneira poderosa e original para restaurar os direitos da inteligibilidade e do conhecimento na arte, sem esquecer todavia o que as diferencia do conhecimento abstrato. A estética estrutural parece retirar todo colorido metafísico à penetrante definição da arte dada por Hegel, *"das sinnliche Scheine der Idee"*, "o aparecer sensível da ideia".

Poderíamos, aliás, resumir todas estas linhas numa única fórmula: a estética estrutural traz um novo equilíbrio ao duplo reconhecimento da abertura da arte sobre o real e da especificidade e autonomia da função estética. Ela contribui, pois, de maneira decisiva, para a superação da afirmação unilateral de cada um desses dois elementos do conceito da arte. Esta posição de equilíbrio predomina claramente na longa seção dos *Entretiens* com Georges Charbonnier (L-S, 1961) dedicada às questões estéticas. Embora evidentemente coloquial, este texto não é inferior aos outros trechos da obra lévi-straussiana no que concerne ao rigor do raciocínio; e Lévi-Strauss aí evoca precisamente, de uma maneira particularmente feliz, os dois lados fundamentais do conceito da arte a que acabamos de nos referir.

Lembra que *"l'oeuvre d'art, en signifiant l'objet, réussit à élaborer une structure de signification qui a un rapport avec la structure même de l'objet"* (ibid., p. 96) ["a obra de arte, significando o objeto, consegue elaborar uma estrutura de significação que tem uma relação com a própria estrutura do objeto"]; ora, a estrutura do objeto não estando *"immédiatement donnée à la perception"*, *"l'oeuvre d'art permet de réaliser* un progrès de la connaissance" (ibid., ibid.; o sublinhado é nosso) ["imediatamente dada à percepção", "a obra de arte permite realizar *um progresso do conhecimento*"]. Por conseguinte, o papel da arte na sociedade *"n'est pas simplement d'apporter au consommateur une gratification sensible. L'art est aussi un guide, un moyen d'instruction, et je dirai presque d'apprentissage de la réalité ambiante"* (ibid., p. 141) ["não é simplesmente de suscitar no consumidor uma gratificação sensível. A arte é também um guia, um meio de instrução e direi quase de aprendizagem da realidade ambiente"]. Esta originalidade do conhecimento artístico – esta capacidade de descobrir a verdade latente do objeto –, Lévi-Strauss reencontra-a por assim dizer em estado puro na ideia surrealista do *"ready-made"* promovido a obra de arte; permitindo ver o microfone como escultura, as aproximações surrealistas davam-se por objetivo descobrir no objeto propriedades que permaneciam ocultas em seu contexto de origem, ao mesmo tempo que eles ligavam a noção de obra de arte não ao objeto em si (enquanto produto de uma suposta "arte natural", dos homens ou da natureza), mas antes como resultado de sua inserção calculada num novo quadro: da operação eminentemente semântica de uma mudança de contexto (ibid., p. 101).

Os romanos chamavam *"auctor"* o general vencedor que conquistava para a República territórios novos. A noção de arte enquanto progresso do conhecimento reanima de algum modo o sentido etimológico da palavra "autor". O artista é aquele que aumenta nosso conhecimento da significação do mundo – embora precisemos sublinhar que se trata aqui de uma cognição indissociável do tecido semiológico da obra. Se é verdade que a arte é "tomada de posse" intelectual do mundo, se cada obra é efetivamente mímese de um modelo exterior, não é menos verdade que esta imitação possessiva se constitui *em e por signos*. Por maior que seja a vontade de reproduzir o objeto – mesmo além de seu aspecto imediatamente sensível –, nenhuma arte chega a uma *"imitation absolue de la nature"* ["imitação absoluta da natureza"] – por que se isso fosse possível, *"il y aurait identité entre le modèle et l'oeuvre d'art, et, par conséquent, il y aurait reproduction de la nature et non plus création d'une oeuvre proprement culturelle"* (ibid., p. 115) ["haveria identidade entre o modelo e a obra de arte, e, por conseguinte, haveria reprodução da natureza e não mais criação de uma obra propriamente cultural"].

É por isso que a estética lévi-straussiana coloca resolutamente a arte *"à mi-chemin entre l'objet et le langage"* (ibid., p. 117) ["a meio caminho entre o objeto e a linguagem"]: nela a obra combina intimamente a abertura sobre o sentido do universo à mais ciumenta afirmação de seu próprio modo de ser. Já que, com efeito, o grande perigo para a arte é *duplo*: é, ao mesmo tempo de não chegar a ser linguagem, ou de sê-lo demasiado (ibid., p. 129-30). Traindo a natureza do signo à força de querer reproduzir o mundo, esquecendo o objeto numa praga igualmente artificial sobre o conjunto de seus signos, a obra de arte comprometeria sua riqueza semântica e sua solidez arquitetural. Para a nova estética, a preocupação pelo sentido e pela forma não se excluem: elas se implicam mutuamente. A mímese passa pelo signo.

Capítulo III

A TEORIA DA MÚSICA, OU A ARTE COMO CRÍTICA DA CULTURA

Procuramos reunir, no que acabamos de ver, os componentes do conceito sintético da arte na ótica estrutural. Entretanto, a arte, definida em termos de seu diálogo essencial com a contingência, escapa menos ainda que qualquer outra função à diversidade imposta por suas manifestações *históricas*. Ora, não falamos até aqui senão da arte em geral, tal como ela se apresenta em todos os lugares e tempos, tanto entre os "primitivos" quanto entre os povos do Ocidente histórico. Haveria na obra de Lévi-Strauss indicações sobre o caráter propriamente *histórico* da arte, e, em particular, sobre a arte dessas sociedades "quentes" que, a exemplo da nossa, interiorizam resolutamente o devir histórico para dele fazer o motor de seu desenvolvimento (L-S, 1962a, p. 310), não tendo retido a tripla sabedoria que permitiria às sociedades primitivas, através da frugalidade de suas necessidades, a proteção dos recursos naturais, a limitação do crescimento demográfico, e a redução a um mínimo das tensões políticas (L-S, 1960a, p. 41-43), de resistir tenazmente à modificação de sua estrutura?

Tais indicações existem efetivamente em Lévi-Strauss e chegamos até a crer que elas emprestam uma cor própria ao último nível de seu pensamento estético: aquele onde ele retoma, nas *Mythologiques* – por intermédio das páginas dedicadas à música –, o tema da significação das relações entre a arte e a cultura, que já tratara no ensaio sobre a pintura facial dos Caduveu. Assim, nesta última parte de nossa exposição, assinalaremos inicialmente algumas diferenças gerais entre a manifestação da função mitopoética nas sociedades "frias" e nas sociedades "quentes". Em seguida, será possível abordar o nível ao mesmo tempo mais profundo e mais recente da estética estrutural, a "teoria da música", das *Mythologiques*.

O PAPEL DA ARTE NA
"CIVILIZAÇÃO MECÂNICA"

Já o paralelo entre xamanismo e psicanálise[1] pusera em relevo a defasagem entre a sociedade moderna, senhora de uma tecnologia avançada, e a sociedade primitiva. Com efeito, se o mito é, entre outras coisas, uma tentativa de organização da experiência vivida, e se, além disso, na terapia do xamã tanto quanto na do analista, o doente experimenta sempre uma cristalização afetiva, induzida por certos acontecimentos, que se elaboram *"dans le moule d'une structure pré-existente"* (L-S, 1958, p. 224) ["no molde de uma estrutura preexistente" (AE, p. 234)], esta cristalização se constitui, no caso do doente assistido pelo xamã, a partir de um mito *"reçu (...) de la tradition collective"* ["recebido (...) da tradição coletiva" (ibid., 233)] ao passo que, no caso do psicanalizado, ela se impõe a *"situations remémorées"* ["situações rememoradas" (ibid., ibid.)] *realmente* e *individualmente* vividas.

Naturalmente, num caso como noutro, o *"mythe vécu"* ["mito vivido" (ibid., p. 234)] remete às *"lois de structure"* ["leis de estrutura" (ibid., ibid.)] do inconsciente, comuns a todos os homens, e que se reduzem à função simbólica – e é este aspecto *universal* do inconsciente, de onde ele retira sua intemporalidade, que interessa mais a nosso autor. O que não impede que, aquém desta identidade de base, as duas modalidades terapêuticas difiram, prendendo-se o fundamento de sua diferença à desaparição desta partilha coletiva do material mítico que provocou a individualização do relato: *"Cette forme moderne de la technique shamanistique, qu'est la psychanalyse, tire (...) ses caractères particuliers du fait que, dans la civilisation mécanique, il n'y a plus de place, pour le temps mythique, qu'en l'homme même"* (ibid., p. 225;

---

[1] Ver acima, cap. II, 1ª seção.

o sublinhado é nosso) ["essa forma moderna da técnica xamanística, que é a psicanálise, tira (...) seus caracteres particulares do fato de que, *na civilização mecânica, não há mais lugar para o tempo mítico, senão no próprio homem*" (ibid., p. 236)].

Vemos pois que, na civilização "mecânica", na sociedade "quente", o uso da função simbólica por meio do "pensamento periférico" emprega um "mito individual" ali onde a cultura primitiva recorre a um "mito social" (L-S, 1958, p. 220). Poderíamos, aliás, transpor sem dificuldade esta distinção ao plano da evolução histórica das sociedades quentes e, em particular, da do Ocidente, precisamente no que concerne à arte. Com efeito, de uma certa maneira, a história da arte ocidental encerra, do ponto de vista psicossociológico, uma passagem de uma mitopoética social a uma mitopoética individual.

Esta passagem se realizou por meio da transformação do *status* social do artista ocorrida em consequência da dinâmica da sociedade europeia da Renascença (Martin, 1932); mas a individualização da função mitopoética logo se duplicou de uma metamorfose singular do "pensamento periférico" (v. supra) em expressão "patológica", caracterizada como "associal". Por conseguinte, o advento da individualização do artista coincidiu – no quadro da dialética da individualidade típica dos tempos modernos – com o enfraquecimento de seus laços "naturais" com a comunidade. O criador individualizado aparece então como temperamento melancólico, excêntrico, neurótico, "o filho de Saturno" por excelência (Wittkower, 1963). Este processo se cristaliza sob a influência da subversão geral da paisagem cultural europeia que corresponde à arte maneirista do século XVI (Hauser, 1964, 1ª parte); mas não é estranho a manifestações anteriores, tal como a retomada de certos temas neoplatônicos pelo segundo Quattrocento. Panofsky (1939, p. 292-93) mostrou como a ideia aristotélica de que todos os grandes homens são melancólicos e as concepções da psicologia de Plotino – associando "*nous*", a faculdade saturniana, ao pensamento, e "*psique*", a faculdade jupiteriana, à ação –

ressurgem nos círculos neoplatônicos de Florença sob a forma da dicotomia *vir contemplativus/vir activus*, antepassada dos conceitos junguianos de "introvertido" e "extrovertido".

Esta aproximação entre a passagem do mito social ao mito individual e a evolução do "*background*" sociológico da arte no Ocidente parece tanto mais justificada quando o próprio Lévi-Strauss, nos *Entretiens* com Georges Charbonnier (1961, p. 63), admite que a diferença arte primitiva/arte não primitiva recorta a diferença arte europeia pré-Renascença/arte europeia a partir de Quattrocento (e também, num certo sentido, a oposição arte grega pré-clássica/arte do século V).

Somente a partir do Quattrocento (se se exclui o intervalo da era clássica na Grécia antiga) é que a arte ocidental se afasta da arte "primitiva". Para Lévi-Strauss, *"la différence tient à deux ordres de faits: d'une part, ce que l'on pourrait appeler l'individualisation de la production artistique, et de l'autre, son caractère de plus en plus figuratif ou représentatif"* (Charbonnier, 1961, p. 63) ["a diferença prende-se a duas ordens de fatos: de um lado, o que se poderia denominar a individualização da produção artística, e do outro, seu caráter cada vez mais figurativo ou representativo"]. Examinemos estes dois elementos mais de perto.

Lévi-Strauss tem o cuidado de evitar qualquer interpretação ingênua de suas palavras sobre a individualização da arte. Adverte que o estilo é frequentemente individualizado (e reconhecido como tal) nas culturas primitivas (ibid., p. 64); contudo, isto não se acompanha de um processo de dissolução dos laços pessoais (ibid., p. 110), do contato estreito entre o artista e os outros membros da sociedade – relativamente ao efeito de "monadização" generalizada dos indivíduos que é a marca da cultura moderna. É por isso que o feiticeiro-artista de talento individualizado não produz, ainda assim, uma obra *"issue de son inconscient individuel"* (ibid., p. 74) ["saída de seu inconsciente individual"]: noutros termos, a individualização não leva à desaparição da mitopoética social a favor de uma fabulação individual. O que realmente pertence à arte dos tempos modernos não é basicamente a individualização do artista, é antes a individualização *da produção* – criada por uma mitopoética "pessoal" mais do que social, e destinada a uma clientela "de classe" para gozo estético exclusivo (ibid., p. 64). É a individualização da produção no sentido que acaba de ser indicado que nos autoriza a falar da não pertinência da distinção individual/coletivo da arte primitiva por oposição à arte dos tempos modernos.

O fenômeno de individualização da produção não é somente, às vezes, distinto da aparição da individualidade reconhecida do artista; é posterior à formação da "ilusão estética", desta modalidade da consciência que inscreve a contemplação da obra de arte no quadro de um afastamento fundamental do objeto, numa palavra, da *distância psíquica*. O exemplo clássico da formação gradual da distância estética é a metamorfose dos ritos mágicos da Grécia de onde saiu a arte do drama. Reencontrou-se este gênero de desenvolvimento em várias culturas; o elemento de base é sempre a tendência, da parte da maioria dos participantes da cerimônia, a reduzir sua ação, tornando-se pouco a pouco simples espectadores da representação. Ao fim do processo, a consciência estética tal como nós a compreendemos se constituiu. O afastamento do espectador leva-o a considerar a representação dramática como uma ilusão consentida: a crença na *realidade* do drama coexiste com a certeza de que ele é "somente" um jogo (Kris, 1952, p. 42). O esteta inglês Edward Bullough (1912) descreveu com fineza a dinâmica da distância estética, assim como a degenerescência de seu equilíbrio, devida ora a uma revivescência excessiva da participação intensa à experiência estética (*"underdistance"*), ora ao erro simétrico e inverso, o excesso de afastamento (*"overdistance"*).

O segundo traço assinalado por Lévi-Strauss entre as diferenças entre a arte primitiva e a arte da Idade Moderna é, já o vimos, *"le caractère de plus en plus figuratif ou représentatif"* ["o caráter cada vez mais figurativo ou representativo"] desta última. O antropólogo descobre aí uma *"perte ou affaiblissement de la fonction significative de l'oeuvre"* (L-S, 1961, p. 66) ["perda ou enfraquecimento da função significativa da obra"]. Os tempos modernos criaram uma arte apaixonada pelo "fac-símile", uma arte obstinada em acertar na reprodução perfeita da aparência do modelo. Interrogando-se por que os "primitivos" não seguiram o mesmo caminho, Lévi-Strauss encontra a causa menos em sua incapacidade técnica, na insuficiência de seus meios, do que em sua concepção do universo. Afinal, mais de uma arte primitiva – tais como a cerâmica e a tecelagem dos Incas – demonstra uma mestria técnica excepcional, e no entanto seu estilo não se volta à intensificação do figurativismo. A razão é outra: prende-se a que esses povos consideraram (e consideram ainda) o mundo como algo de *sobrenatural*. Ora, os objetos que partilham esta qualidade tornam-se *"irreprésentables par définition"* ["irrepresentáveis por definição"]. Nestas condições, *"le modèle déborde toujours son image"* (ibid., p. 89) ["o modelo excede sempre sua imagem"]; se a arte dos primitivos não é figurativa, é porque ela está impregnada pelo sentimento de um verdadeiro *"excès d'objet"* (ibid., p. 88) ["excesso de objeto"]. O artista moderno, ao contrário, parte da convicção de *"qu'on peut non pas seulement communiquer avec l'être, mais se l'approprier à travers l'effigie"* (ibid., p. 69) ["podemos não somente comunicarmo-nos com o ser, mas dele nos apropriarmos através da efígie"]. Nesta *"possessivité vis-à-vis de l'objet"*, que é *"une sorte de concupiscence magique"* (ibid., ibid.), Lévi-Strauss discerne *"une des grandes originalités de l'art de notre civilisation"* ["possessividade frente ao objeto", "uma espécie de concupiscência mágica", "uma das grandes originalidades da arte de nossa civilização"].

Tais são portanto os dois fatores que distinguem a arte ocidental da arte primitiva e de seu próprio passado. Ambos estão aliás, sem dúvida, em estreita articulação, *"fonctionellement liés"* (ibid., p. 66). Com efeito, a *"possessivité vis-à-vis de l'objet"* ["funcionalmente ligados", "possessividade frente ao objeto"], marca da arte ocidental e fonte do enfraquecimento de sua significação, é o análogo do sentido último desta divisão social de que se nutre a individualização da produção – pois que este sentido é a sujeição humana e, portanto, de algum modo, uma *"possessivité vis-à-vis de l'homme"* ["possessividade frente ao homem"]. Daí a coincidência da aparição dos regimes de castas ou de classes com o advento da escrita (ibid., p. 67-68) –, que Lévi-Strauss considera, pelo menos desde Tristes Tropiques (cf. cap. XXVIII), um notável meio de dominação sobre os homens e as coisas, e que conheceu, com a imprensa, *"un changement d'ordre de grandeur"* ["uma mudança de ordem de grandeza"] significativamente contemporâneo da mesma época em que a arte ocidental se "desprimitivizava", isto é, da Renascença.

Descrevendo as características da arte de nossa cultura, o pensamento de Lévi-Strauss se esforça em permanecer tão neutro quanto possível; entretanto, é evidente que ele contém um juízo negativo tanto sobre o fator "semântico" da nova situação da arte – o enfraquecimento da significação – como sobre sua mola "sociológica" – a individualização. Por outro lado, é preciso notar que Lévi-Strauss, de acordo com o princípio canônico de sua concepção da arte, segundo a qual esta se encontra *"à mi-chemin entre l'objet et le langage"* ["a meio caminho entre o objeto e a linguagem"] (cf. supra, 2ª parte, 3ª seção), une a significação às qualidades estruturais da obra. Toda obra verdadeiramente significativa é um produto bem construído, um produto estruturado. A força de sua estruturação interna é o verdadeiro suporte da significação de uma obra.

Num certo sentido, esta implicação parece subjacente à distinção entre mito e fábula exposta em "La Structure et la Forme" (L-S, 1960b). Lévi-Strauss aí se propõe determinar a base da diferenciação, praticada por quase todas as sociedades, entre estes dois gêneros narrativos. Pensa que ela deriva de uma dupla diferença de grau. Em primeiro lugar, as fábulas são construídas sobre oposições mais fracas que as que operam no mito. As oposições míticas são de natureza cosmológica ou metafísica, as de fábula são, frequentemente, locais, sociais ou morais. Em segundo lugar, e em razão mesmo desta atenuação, a fábula é menos subordinada, ao mesmo tempo, à coerência lógica, à ortodoxia religiosa e à pressão coletiva. Suas permutações tornam-se por isso mais livres, ganhando progressivamente um certo arbítrio, uma flutuação gratuita que permite *"le passage à la création littéraire"* ["a passagem à criação literária"].

A relação entre mito e fábula não é genérica; não se trata de um gênero de relato "primitivo" (mito) em relação a um "derivado" (fábula); ambos são antes "complementares". Ainda assim, a desaparição dos mitos rompeu o equilíbrio entre estes dois polos narrativos; tanto que a fábula, tornada um *"satellite sans planète"* ["satélite sem planeta"], sofre com sua solidão.

Vemos que, neste raciocínio, o enfraquecimento das qualidades de estrutura (oposições fracas) e a rarefação da significação não passam das duas faces de um único fenômeno. Menos submetida à pressão coletiva, a fábula é também menos estruturada e menos significativa que o mito. A mesma tese transparece nos *Entretiens* com Charbonnier, onde a vitalidade de toda linguagem é expressamente ligada ao grau de coesão do grupo social, naturalmente reduzido pelo progresso dos regimes de classes (L-S, 1961, p. 66).

A passagem de "La Structure et la Forme" que acabamos de evocar tem além do mais a vantagem de estender os processos conjuntos de enfraquecimento da significação e da individualização da produção ao domínio da arte visual. Entretanto, esta vantagem é em parte neutralizada por um inconveniente, que é o de deixar entender que a criação literária (atraída pela fábula) é fracamente estruturada e pouco significativa. Na verdade, esta insinuação é desmentida pela própria obra de Lévi-Strauss, e em várias passagens. Primeiramente, pela análise de "Les Chats" (Jakobson e L-S, 1962), onde a insistência sobre o alto nível de organização do poema não poderia ser mais clara. Isso já nos permitiria dizer que a "hipoestruturalidade" da literatura, contrastando com a "hiperestruturalidade" do mito, pode ser resgatada pelas grandes peças da arte literária.

Mas Lévi-Strauss vai ainda mais longe: chega até a conceber a literatura – sob a forma do romance – como um esforço heroico visando a recuperar o vigor da estrutura própria do mito. É esta, com efeito, uma das ideias mais atraentes do terceiro volume das *Mythologiques*, *L'Origine des Manières de Table*. Lévi-Strauss aí considera muitos mitos de um estilo especial: o estilo do relato de episódios soltos, caracterizado antes por uma forma repetitiva do que por uma estrutura estável (L-S, 1968, p. 10).

Certamente, mesmo este tipo de relato de episódios soltos conhece por sua vez uma gradação, conforme a forma rapsódica seja mais aparente do que real (aspecto de superfície de um agenciamento rigoroso), ou releve, ao contrário, de uma invenção mais livre, *"prête à s'affranchir des contraintes de la pensée mythique"* (ibid., p. 95) ["pronta para libertar-se das coações do pensamento mítico"]. No último caso, a forma do mito pressagia a flexibilidade do gênero romanesco.

Sabemos que, para a antropologia estrutural, todas as criações da cultura são mais ou menos afetadas pela entropia, por uma tendência à desagregação e inércia. Assim, *La Pensée Sauvage* nos convida a contemplar o desenvolvimento dos sistemas de classificação por meio de uma analogia, o crescimento das árvores (L-S, 1962b, p. 210-11). Em suas partes inferiores, a árvore é *"puissament motivé"* ["poderosamente motivada"]: o tronco deve tender à vertical. A orientação dos ramos baixos já é mais "livre", mas eles devem ainda equilibrar seu peso e o dos ramos que suportam. Enfim, nas partes mais altas, os ramos terminais não se arriscando a comprometer a estabilidade da árvore, *"la part de l'arbitraire augmente"*. *"Intelligible au départ, la structure atteint, en se ramifiant, une sorte d'inertie ou d'indifférence logique"* ["a parte do arbitrário aumenta". "Inteligível de início, a estrutura atinge, ramificando-se, uma espécie de inércia ou indiferença lógica"].

Os mitos passam igualmente por esta extenuação da estrutura, materializada no relato de episódios soltos. *"La structure se dégrade en sérialité"* (L-S, 1968, p. 105), a repetição substitui a variedade e a complexidade da ordem, a narração torna-se uma sequência arbitrária de *"épisodes sucessifs, mais tous fondus dans le même moule"* (ibid., ibid.) ["A estrutura se degrada em serialidade", "episódios sucessivos, mas todos fundidos no mesmo molde"]. Ora, eis que enfraquecido em sua estrutura, o mito "se alonga": acolhe cada vez mais elementos provenientes de outros mitos, semelhante nisso ao romance-folhetim. Este, *"état dernier de la dégradation du genre romanesque"*, é também, por sua ligação ao *"happy ending"*, uma "caricatura" *"d'un ordre moral par lequel une société qui se livre à l'histoire croit pouvoir remplacer l'ordre logique-natural qu'elle a abandoné"* (ibid., p. 106) ["último estado da degradação do gênero romanesco", "de uma ordem moral pela qual uma sociedade que se dá à história crê poder substituir a ordem lógico-natural que ela abandonou"].

Em compensação, o romance, o romance de qualidade, vai noutra direção: procura desesperadamente restabelecer a significação e a estrutura, na erosão contínua do devir, recolhe os fragmentos de uma ordem perdida onde se ocultam os vestígios ou as promessas da autenticidade da existência:

> *Le passé, la vie, le rêve charrient des images et des formes disloquées qui hantent l'écrivain quand le hasard ou qualque autre nécessité démentant celle qui sut jadis les engendrer et les disposer dans un ordre véritable, préservent ou retrouvent en elles les contours du mythe. Pourtant, le romancier vogue à la dérive parmi ces corps flottants que, dans la débâcle qu'elle provoque, la chaleur de l'histoire arrache à leur banquise. Il recueille ces matériaux épars et les remploie comme ils se présentent, non sans percevoir confusément qu'ils proviennent d'un autre édifice, et qu'ils se feront de plus en plus rares à mesure que l'entraîne un*

courant différent de celui qui les tenait rassemblés. La chute de l'intrigue romanesque, intérieure à son déroulement dès l'origine et devenue récement extérieure à elle – puisqu'on assiste à la chute de l'intrigue après la chute dans *l'intrigue –, confirme qu'en raison de sa place historique dans l'evolution des genres littéraires, il était inévitable que le roman racontât une histoire qui finit mal, et qu'il fût, comme genre, en train de mal finir. Dans les deux cas, le héros du roman, c'est le roman lui-même. Il raconte sa propre histoire: non seulement qu'il est né de l'exténuation du mythe, mais qu'il se réduit à une poursuite exténuante de la structure, en deçà d'un devenir qu'il épie au plus près sans pouvoir retrouver dedans ou dehors le secret d'une fraîcheur ancienne, sauf peut-être en quelques refuges où la création mythique reste encore vigoureuse, mais alors et contrairement au roman, à son insu.* (ibid., ibid.)

[O passado, a vida, o sonho arrastam imagens e formas deslocadas que perseguem o escritor quando o acaso ou alguma outra necessidade, desmentindo a que soube outrora engendrá-los e dispô-los numa ordem verdadeira, preservam ou reencontram nelas os contornos do mito. Contudo, o romancista voga à deriva entre esses corpos flutuantes que, no descongelamento que ela provoca, o calor da história arranca a sua banquisa. Recolhe esses materiais esparsos e os reemprega como eles se apresentam não sem perceber confusamente que eles provêm de um outro edifício, e que eles se farão cada vez mais raros à medida que os arrasta uma corrente diferente da que os mantinha ligados. A queda da intriga romanesca, interior a seu desenvolvimento desde a origem e tornada recentemente exterior a ela – pois que se assiste à queda da intriga após a queda *na* intriga –, confirma que em razão de seu lugar histórico na evolução dos gêneros literários, era inevitável que o romance contasse uma história que acaba mal, e que estivesse, como gênero, a ponto de terminar mal. Nos dois casos, o herói do romance é o próprio romance. Ele conta sua própria história: não somente que nasceu da extenuação do mito, mas que se reduz a uma procura extenuante da estrutura, aquém de um devir que ele espia de perto sem poder reencontrar dentro ou fora o segredo de uma frescura antiga, salvo, talvez, em alguns refúgios em que a criação mítica permanece ainda vigorosa, mas então, e contrariamente ao romance, sem que este o saiba.]

Exploremos o estranho fascínio deste parágrafo – certamente um dos pontos altos da prosa tão sedutora do autor – para refletir sobre a densidade do conceito de romance que aí se encontra esboçado. Antes de mais nada, a valorização do tema de *"l'histoire que finit mal"* ["a história que acaba mal"]. Trata-se de um elemento inteiramente central na pesquisa contemporânea sobre a essência do romance. Desde a *Theorie des Romans* do jovem Lukács (1920), esta ideia esteve ligada à natureza da narrativa romanesca enquanto mediação dialética entre a epopeia (cujo herói vive em comunhão com a sociedade) e a tragédia (onde o herói se opõe à sociedade). O romance é a síntese dessas duas formas nisso em que ele nos mostra a *"solitude dans la communauté"* ["solidão na comunidade"]: seu herói procura valores autênticos inexistentes na sociedade, mas, ao mesmo tempo, pelo fato mesmo de que os *procura*, partilha com o grupo a carência desses valores. Igualmente, nas observações de Lévi-Strauss, o verdadeiro romance relata uma busca que denuncia, consoante sua natureza, a ordem existencial da sociedade – aquela mesma que o folhetim se apressa em "justificar" de maneira mentirosa.

Há, em seguida, o tema da evolução do estilo romanesco, pela referência à queda da intriga. Isto aproxima a análise de Lévi-Strauss da tradição pós-balzaquiana. Ante uma associação tão estreita entre o romance e uma dialética da recordação, não podemos nos impedir de pensar em Marcel Proust. Já Mnemósine, "a que recorda", era para os gregos a musa da epopeia. A *Recherche* não é mais do que a forma moderna de uma verdade profunda da essência da narrativa, em si *busca* do passado e de seu sabor. Para o jovem Lukács, o tempo é uma dimensão constitutiva do romance, porque apenas o romance apresenta esta *"séparation entre sens et vie"* ["separação entre sentido e vida"] que degrada o devir em sequência desprovida de significação.

Isto nos remete ao centro de nosso assunto: a especificidade da arte da civilização mecânica, no interior do conceito geral da arte. Efetivamente, o romance, enquanto *"poursuite exténuante"* ["busca extenuante"] da estrutura e da significação, pode ser considerado ao mesmo tempo o reflexo das condições sociais da civilização mecânica e a sede de um ensaio titânico para ultrapassá-los.

Partindo da *Theorie des Romans* de Lukács, Walter Benjamin mostrou, num estudo notável – "O Narrador" (1936), como o romance tira sua substância de um processo típico dos tempos modernos: a crise da arte de contar. Para Benjamin, esta não é, por sua vez, senão um sinal de um fenômeno ainda mais profundo e desorientador: a atrofia progressiva da faculdade de trocar nossas experiências (Benjamin, 1936, p. 292).

Durante muito tempo, a arte da narrativa bebeu numa fonte atualmente quase desaparecida: a experiência transmitida de boca em boca. A própria substância da narrativa, além do assunto, refletia esta origem. Tradicionalmente, a narração é *"une forme pour ainsi dire artisanale de la communication"* (ibid., p. 303) ["uma forma por assim dizer artesanal da comunicação"]; não visa a transmitir o acontecimento em si, como uma simples reportagem, mas antes a *"faire pénétrer la chose contée dans la vie même du narrateur"* ["fazer penetrar a coisa contada na própria vida do narrador"], o qual imprime à narrativa sua marca pessoal, assim *"comme le potier laisse sur le vase d'argile la trace de ses mains"* ["como o ceramista deixa sobre o vaso de argila o traço de suas mãos"]. Ora, o narrador-artesão acrescenta ao sentido do maravilhoso – da novidade e do mistério que fazem com que acontecimentos mereçam ser relatados – a capacidade de extrair uma lição prática de sua história, uma espécie de moral para si mesmo e seus ouvintes. Benjamin define a sabedoria como *"l'aspect épique de la vérité*" (ibid., p. 296) ["o aspecto épico da verdade"], e os provérbios como *"ruines d'anciennes histoires"* (ibid., p. 323) ["ruínas de antigas histórias"]. Por conseguinte, o declínio da arte da narrativa coincide com a negação de costumes ligados ao sentido exemplar da vida individual – entre os quais cita o hábito de assistir à morte, hábito cujo abandono denuncia uma significação filosófica bem além de seus objetivos higiênicos confessados.

Os protótipos do narrador-artesão foram durante muito tempo o viajante que conta histórias que ultrapassam o raio existencial de seus ouvintes, e o velho sedentário, depositário da tradição oral; numa palavra, o marinheiro e o camponês. Mas estes protótipos faziam parte do quadro social da Idade Média, onde a dissolução dos laços interindividuais e a perda das ligações orgânicas entre o indivíduo e o grupo não tinham ainda ocorrido. Em compensação, a figura do romancista é um produto da intensificação do individualismo da civilização mecânica. *"Le lieu de naissance du roman est l'individu solitaire, qui ne peut plus traduire sous forme exemplaire ce qui est en lui le plus essentiel, car il ne reçoit plus de conseils et ne sait plus en donner"* (ibid., p. 297) ["O lugar de nascimento do romance é o indivíduo solitário, que não pode mais traduzir sob forma exemplar o que existe nele de mais essencial, porque não recebe mais conselhos e não sabe mais dá-los"]. Assim como o autor, o leitor de romances é também um solitário, e Benjamin observa que ele o é *"plus que tout autre lecteur"*, porque *"même quand on lit un poème, on est tenté de le lire à haute voix pour un auditeur éventuel"* ["mais leitor do que qualquer outro", "mesmo quando se lê um poema, somos tentados a lê-lo em voz alta para um eventual ouvinte"], ao passo que nada de semelhante tem lugar na leitura do romance. O leitor de romances está essencialmente preso a *seu* exemplar. É precisamente nisso que o romance se aparenta ao jornal – já que o fundamento da imprensa de grandes tiragens é tornar inútil toda transmissão oral de notícias. Não é por acaso que o apogeu do romance e o aparecimento da grande imprensa são fenômenos contemporâneos, ambos datando do meio do século XIX (ibid., p. 298); repousam sobre uma modalidade de comunicar inteiramente estranha à tradição da narrativa artesanal e de sua fonte ética – a faculdade de trocar experiências.

Por conseguinte, as comunicações da imprensa estão nos antípodas da comunicação autêntica dos homens. Spengler viu muito bem que a grande imprensa, sob a máscara da liberdade de opinião, se orienta na verdade para uma colossal arregimentação dos cidadãos de consequências totalitárias. O destino do romance consiste no ensaio trágico de superar os sinistros resultados da atomização social, no combate pela recuperação do sentido da vida no interior do naufrágio da qualidade da existência individual. É por isso que Benjamin, em seu ensaio sobre Baudelaire, ideologicamente muito próximo de "Le Narrateur", contempla a obra de Proust como um empreendimento grandioso *"pour restaurer (...) le visage du narrateur"* (Benjamin, 1939, p. 242) ["para restaurar (...) a fisionomia do narrador"].

No que concerne à natureza dos "códigos" utilizados (cosmológico-metafísico ou então local e moral), a narração "artesanal" de Benjamin (de onde saiu a epopeia) fica antes ao lado da fábula do que do mito. Todavia, enquanto forma do folclore, a narrativa tradicional se aproxima do mito, e distingue-se da arte literária, do ponto de vista da noção da obra de arte e de sua objetivação. Com efeito, assim como sabemos desde o estudo O *Folclore como Criação Autônoma,* de Bogatyrev e Jakobson (1931), a obra do folclore é o análogo perfeito da *língua* – é extrapessoal, vive uma existência puramente potencial, não passando de um conjunto de certas normas animado pelos recitantes e suas contribuições individuais, exatamente como fazem os usuários do *discurso* relativamente à *língua*. Por conseguinte, na ótica do recitante (a única possível, já que o autor de uma obra folclórica, mesmo se recusamos a ilusão romântica da criação coletiva do *Volksgeist*, é anônimo por definição), a obra do folclore representa um fato da língua, existindo independentemente dele. Ao contrário, para o autor de uma obra literária, esta é um fato do discurso, alguma coisa realizada por ele. Isto, pelo menos, a teoria romântica percebeu, quando sublinhou o caráter tribal da criação poética oral. Seu único erro foi de falar de *origem* coletiva, em lugar de reservar este aspecto social ao modo de funcionamento, à *maneira de objetivação* própria da obra folclórica.

Vemos portanto que a literatura (em particular, em suas expressões modernas) pode amplamente se apresentar como uma espécie de caça à estrutura e significação, as mesmas que o crepúsculo de uma mitopoética "primitiva" parecia votar à morte definitiva. Neste sentido, a arte literária está em luta contra o espírito da civilização mecânica; por esse meio, ela se esforça em superar o maior vício com que esta afligiu a arte, *"la perte ou l'affaiblissement de la signification"* ["a perda ou o enfraquecimento da significação"]. Mas esta aspiração não é, sem dúvida, um privilégio da literatura; voltamos a encontrá-la nas artes plásticas e na música. Aliás, se o enfraquecimento da significação se traduz, no caso das artes plásticas, pela hipertrofia do figurativismo, o exemplo da pintura facial dos Caduveu nos ensinou que a arte pode ser profundamente condicionada por uma problemática social e, em particular, por um processo de desagregação do grupo, sem assumir no entanto o aspecto de figurativismo. Contudo, a pintura caduveu não se limita a estar inteiramente livre da tara do representativismo; contém, além disso, o esboço metafórico de uma outra organização da sociedade (v. supra, p. 19). Por conseguinte, assim como a literatura, a arte – no sentido da arte plástica – secreta virtualmente uma crítica da cultura. Resta indicar as formas revestidas por esta função crítica no interior da arte dos tempos modernos.

Algumas dessas formas da arte crítica na civilização mecânica são evocadas pelos comentários à pintura reunidos nos *Entretiens* com Charbonnier. Lévi-Strauss considera a maior parte da pintura ocidental, historicamente dada, sujeita a três características dominantes. As duas primeiras, conhecemos bem: são a individualização da produção e o figurativismo, isto é, a falta de poder significativo. A terceira é o academismo, a imitação consagrada dos modelos figurativos estabelecidos. Em seguida, analisa as grandes revoluções picturais desde o início da era industrial relativamente à supressão dessas servidões. Assim, o impressionismo representa a liquidação do academicismo, *"de la vision de l'objet à travers de l'école"* (Charbonnier, 1961, p. 77); mas apenas o cubismo, reencontrando *"la vérité sémantique de l'art"* (ibid., p. 80) ["da visão do objeto através da escola", "a verdade semântica da arte"], vai ao fundo das coisas, procurando deter uma das tendências fundamentais da degenerescência: a perda da significação. Contudo, mesmo o cubismo não foi capaz de vencer a barreira decisiva: a ausência de função coletiva da arte (ibid., ibid.). A razão disso é que este último obstáculo não é, como os dois outros, da ordem das superestruturas; pertence à infraestrutura de nossa sociedade (ibid., p. 85). Eis porque, para superá-la, não basta uma evolução formal, uma revolução técnica. Esta última liberação, a arte não pode realizá-la sozinha.

Chegada a este impasse, a pintura moderna parece de algum modo ter cedido à força insuperável da individualização, lançando-se numa extraordinária profusão de "maneiras", frequentemente num mesmo pintor. Esta virtuosidade proteiforme – tão bem ilustrada por um Picasso – acaba frequentemente por substituir o velho academismo, que era um *"académisme du signifié"* (pois que se tratava das convenções na figuração dos objetos) por um *"académisme du signifiant"* ["academismo do significado", "academismo do significante"], que é uma imitação dos estilos ou das linguagens (ibid., p. 81-82). É precisamente este novo academismo que está na base da crítica dirigida por Lévi-Strauss à pintura abstrata, não somente nos *Entretiens*, mas também em *La Pensée Sauvage*. Segundo ele, com efeito, a pintura não figurativa adota "maneiras" em lugar de "assuntos"; cria *"des imitations réalistes de modèles non existants"*, não passando afinal de *"une école de peinture académique, où chaque artiste s'évertue à représenter la manière dont il exécuterait ses tableaux si d'aventure il en peignait*" (L-S, 1962b, p. 43n) ["imitações realistas de modelos não existentes", "uma escola de pintura acadêmica, em que cada artista se esfalfa para representar a maneira como ele executaria seus quadros se porventura os pintasse"].

Nos *Entretiens*, Lévi-Strauss admite que sua indiferença pela pintura abstrata possa ser o resultado de sua formação pessoal (Charbonnier, 1961, p. 132), a consequência da biografia de um amador cujos últimos objetos de entusiasmo, na série das inovações na história das artes, parecem ter sido os quadros cubistas e as experiências surrealistas. Entretanto, lembra que a pintura não existe em todas as sociedades, podendo a pintura abstrata muito bem representar o último estágio de sua história (ibid., p. 139).

Não entra em nossos objetivos discutir esta posição em pormenor. Limitemo-nos a assinalar que, se é certo que o raciocínio de Lévi-Strauss (de resto, apresentado sob forma de conversação e de uma simples nota) necessita ser nuançado, é igualmente certo que ele ousou atrair a atenção sobre a indigência semântica de uma parte muito grande da produção pictórica de nosso tempo. Atribuir sua censura a um suposto conservantismo nos parece uma atitude que deriva da hipocrisia, até do esnobismo, já que ela viria simplesmente a negligenciar a existência de uma problemática aguda: a da autenticidade da arte contemporânea, no instante mesmo em que sua aceitação sem reservas pela civilização mecânica (somando-se à condenação puramente filisteia na maioria dos países da outra metade da mesma civilização, isto é, o campo socialista) aumenta de uma maneira inquietante a verossimilhança da tese de Max Ernst, segundo a qual o abstracionismo não é senão um evasionismo saudado com alegria pela alienação contemporânea. Além disso, não se poderia decidir facilmente se Lévi-Strauss, no início dos anos 1960, fazia figura de reacionário ou de profeta, pois afirmou ao mesmo tempo a recusa do abstracionismo e o possível advento de uma nova figuração – em fórmulas completamente suscetíveis de conquistar a simpatia de uma grande parte da jovem pintura, que é, como se sabe, antiabstracionista...

Em todo caso, o que nos interessa, é antes o próprio processo da arte abstrata, no sentido indicado mais acima. Acreditamos que não é inteiramente ingênuo ou reacionário indagar por que a arte "abstrata" dos grandes criadores da primeira parte do século XX (pensamos em Kandinsky, Klee, Mondrian ou Brancusi) nos parece tão rica, tão espiritualizada, relativamente ao conjunto da pintura informal (do lado tachista tanto quanto do lado do grafismo) ou das pesquisas óticas do construtivismo contemporâneo. Porque, para voltar ao tema do papel da arte na civilização moderna e a seu potencial de contestação, é preciso não esquecer que este potencial crítico pode, em vários casos, permanecer sem utilização. Não é um dos menores sinais da lucidez do discurso de estética lévi-straussiano evitar tanto a condenação em bloco da arte dos tempos modernos quanto sua absolvição maciça. Nem uma nem outra teriam valor analítico; seriam ambas verdadeiras demissões do juízo crítico.

É preciso agora examinar o último estágio do conceito das relações entre a arte e a cultura na obra de Lévi-Strauss. Devemos, para tanto, abordar suas reflexões sobre a música nas *Mithologiques*. Contudo, não queremos deixar o tema do papel da arte na civilização mecânica sem destacar o profundo acordo existente entre as condições assinaladas por Lévi-Strauss à arte autêntica dos tempos modernos e o núcleo de seu conceito de arte, tal como foi definido na segunda parte de nossa exposição.

A falha capital da arte da civilização mecânica é o enfraquecimento da significação. Aí está sua carência verdadeiramente *estética*, já que sua outra desgraça, a perda da função coletiva, é menos um traço estético que uma condição social. Ora, o enfraquecimento da significação não é senão o reflexo da *"possessivité vis-à-vis de l'objet"*, ela própria produto da *"concupiscence magique"* ["possessividade frente ao objeto", "concupiscência mágica"] na qual o homem moderno afogou toda lembrança da transcendência do universo. Vemos portanto que este figurativismo extremo, esta possessividade cúpida e voraz, não significa de nenhum modo, aos olhos de Lévi-Strauss, uma abertura da obra sobre o objeto. O representativismo, *"à outrance"* não poderia ser identificado à captação das qualidades inéditas do objeto, através da qual a obra de arte realiza um *"progrès de la connaissance"* ["progresso do conhecimento"]. O figurativismo possessivo é antes a materialização de um desvanecimento geral dos objetos – de um desbastamento radical do mundo, tornado pura manipulabilidade, depurado de toda verdadeira significação. O figurativismo, lembremo-nos, nasce do esquecimento sistemático de *"l'excès de l'objet"* ["o excesso do objeto"]. Nutre-se portanto de seu inverso: da *falta* de objeto. É por isso que encarna o enfraquecimento do sentido: por que a arte da possessividade tecnológica frente ao universo não é enfim senão o estilo do subjetivismo mais coriáceo: é a arte do homem fechado sobre si mesmo, cegamente desencadeado contra toda objetividade substancial – inclusive a de seu destino sobre a terra. Por conseguinte, toda vez que a arte da cultura mecânica, tornada reconquista da significação, escapa à penúria semântica, o homem se salva com ela, para aí redescobrir, de maneira intermitente e fugaz, a verdade do mundo e de sua própria condição.

O espírito da música

A estratégia da análise estrutural dos mitos consiste em *"chercher à transcender l'opposition du sensible et de l'intelligible"* colocando-se *"au niveau des signes"* (L-S, 1964, p. 22) ["procurar transcender a oposição do sensível e do inteligível", "ao nível dos signos"]. Mas esta pesquisa de uma mediação entre o inteligível e o sensível *"devait tout naturellement s'inspirer de l'exemple de la musique"* ["devia naturalmente se inspirar do exemplo da música"], pois esta sempre o praticou (ibid., ibid.). Daí a arquitetura explicitamente musical dos *Mythologiques*, justificada no próprio seio da obra, isto é, (em boa lógica) em sua "abertura".

Entretanto, Lévi-Strauss não se contentou em assinalar o exemplo genérico representado pela arte musical aos olhos de qualquer empreendimento de esclarecimento de uma lógica do sensível, nem em invocar a escrita da partitura para legitimar o método não linear adotado pela análise dos mitos. Postula a existência de uma afinidade profunda entre o mito e a obra musical (ibid., p. 23). Estes últimos têm em comum o fato de ser *"des langages qui transcendent, chacun à sa manière, le plan du langage articulé, tout en requérant comme lui, et à l'opposé de la peinture, une dimension temporelle pour se manifester"* (ibid., ibid.) ["linguagens que transcendem, cada uma à sua maneira, o plano da linguagem articulada, ao mesmo tempo que requerem como ela e ao contrário da pintura, uma dimensão temporal para se manifestar"].

Estamos lembrados (cf. mais acima, p. 32-33) que a ambição do mito é gerar uma história por meio de uma estrutura. A música, igualmente, não tem necessidade do tempo senão *"pour lui infliger un démenti"* (ibid., p. 24) ["senão para lhe infligir um desmentido"].

> *Au-dessous des sons et des rythmes, la musique opère sur un terrain brut, qui est le temps physiologique de l'auditeur; temps irrémédiablement diachronique puisqu'irréversible, et dont elle transmute pourtant le segment qui fut consacré à l'écouter en une totalité synchronique et close sur elle-même. L'audition de l'oeuvre musicale, du fait de l'organisation interne de celle-ci, a donc immobilisé le temps qui passe; comme une nappe soulevée par le vent, elle l'a rattrapé et replié. Si bien qu'en écoutant la musique et pendant que nous l'écoutons, nous accédons à une sorte d'immortalité.* (ibid., p. 24)

[Abaixo dos sons e dos ritmos, a música opera sobre um terreno bruto, que é o tempo fisiológico do ouvinte; tempo irremediavelmente diacrônico já que irreversível, e do qual no entanto ela transmuta o segmento que foi consagrado ao ouvir numa totalidade sincrônica e fechada sobre si mesma. A audição da obra musical, devido à organização interna desta, imobilizou portanto o tempo que passa; como uma toalha sacudida pelo vento, ela agarrou-o de novo e tornou a dobrá-lo. Tanto assim que, ouvindo música e enquanto a ouvimos, alcançamos uma espécie de imortalidade.]

Contudo, são as próprias condições de nossa experiência, quando ouvimos uma obra musical ou a narração de um mito, que *"justifient pleinement la comparaison"* (ibid., ibid.) ["justificam plenamente a comparação"]. Com efeito,

> (...) *comme l'oeuvre musicale, le mythe opère à partir d'un double continu: l'un externe, dont la matière est constituée dans un cas par des ocurrences historiques ou crues telles, formant une série théoriquement illimitée d'où chaque société extrait, pour élaborer ses mythes, un nombre restreint d'événements pertinents; et dans l'autre cas, par la série également illimitée des sons physiquement réalisables, où chaque système musical prélève sa gamme. Le second continu est d'ordre interne. Il a son siège dans le temps psychophysiologique de l'auditeur, dont les facteurs sont très complexes: périodicité des ondes cérébrales et des rythmes organiques, capacité de la mémoire et puissance d'attention.* (ibid., ibid.)

> [(...) como a obra musical, o mito opera a partir de um duplo contínuo: um externo, cuja matéria é constituída, num caso, por ocorrências históricas ou supostas tais, formando uma série teoricamente ilimitada de onde cada sociedade extrai, para elaborar seus mitos, um número restrito de acontecimentos pertinentes; e no outro caso pela série igualmente ilimitada dos sons fisicamente realizáveis, em que cada sistema musical levanta sua gama. O segundo contínuo é de ordem interna. Tem sua sede no tempo psicofisiológico do ouvinte, cujos fatores são muito complexos: periodicidade das ondas cerebrais e dos ritmos orgânicos, capacidade da memória e poder de atenção.]

Uma das particularidades da música é de se dirigir de maneira sistemática (enquanto que o mito não o faz senão sob uma forma inessencial) *"au temps physiologique et même viscéral: (...) tout contrepoint ménage aux rythmes cardiaque et respiratoire la place d'une muette partie"* ["ao tempo fisiológico e mesmo visceral: (...) todo contraponto dirige aos ritmos cardíacos e respiratório o lugar de uma muda partida"]. Ela utiliza em suma "duas grades": uma, *natural*, deriva do fato dela explorar ritmos orgânicos, tornando assim *"pertinentes des discontinuités qui resteraient autrement à l'état latent, et comme noyées dans la durée"* (ibid., ibid.) ["pertinentes as descontinuidades que, de outro modo permaneceriam em estado latente, e como afogados na duração"]; a outra, *cultural*, consiste numa escala de sons musicais cujo número e intervalos variam segundo as culturas.

Esta dupla articulação não é o privilégio da música; mas esta se distingue das outras linguagens nisso em que ela a duplica:

> *La grille externe, ou culturelle, formée par l'échelle des intervalles et les rapports hiérarchiques entre les notes, renvoie à une discontinuité virtuelle: celle des sons musicaux qui sont déjà, en eux-mêmes, des objets intégralement culturels du fait qu'ils s'opposent aux bruits, seuls donnés* sub specie naturae. *Symétriquement, la grille interne, ou naturelle, d'ordre cérébral, se renforce d'une seconde grille interne et, si l'on peut dire, encore plus intégralement naturelle: celle des rythmes viscéraux. Dans la musique, par conséquent, la médiation de la nature et de la culture, qui s'accomplit au sein de tout langage, devient une hypermédiation: de part et d'autre, les ancrages sont renforcés.* (ibid., p. 36)

[A grade externa, ou cultural, formada pela escala dos intervalos e das relações hierárquicas entre as notas, remete a uma descontinuidade virtual: a dos sons musicais que já são, neles mesmos, objetos integralmente culturais pelo fato de que se opõem aos ruídos, únicos dados *sub specie naturae*. Simetricamente, a grade interna, ou natural, de ordem cerebral, se reforça com uma segunda grade interna e, se podemos dizê-lo, ainda mais integralmente natural: a dos ritmos viscerais. Na música, por conseguinte, a mediação da natureza e da cultura, que se realiza no seio de toda linguagem, torna-se uma hipermediação: de um lado e do outro, as ancoragens são reforçadas.]

Portanto, apenas "de maneira retroativa" a música reconhece aos sons propriedades físicas, afastando-se nisso da pintura. Ao passo que *"la nature offre spontanément à l'homme tous les modèles des couleurs"* ["a natureza oferece espontaneamente ao homem todos os modelos das cores"], a cultura, enquanto criadora dos instrumentos e do canto, possui o monopólio dos sons musicais (ibid., p. 30). A prova está em que falamos naturalmente das cores como se elas fossem *"inséparables de la perception visuelle"* ["inseparáveis da percepção visual"] (amarelo "limão"), ao passo que as sonoridades não admitem senão metáforas, cujos versos célebres sobre *"les sanglots longs / des violons"* são o melhor exemplo.[2] Mesmo o canto dos pássaros está do lado da sociedade, não do da natureza, pois que serve para a expressão e comunicação; trata-se de uma quase-linguagem (ibid., p. 27n).

Os trajetos da música e da pintura são portanto inversos. Para a primeira, o dado é a cultura, os sons produzidos pelo homem; só em seguida é que ela os organiza, conforme as propriedades que lhes reconhece. Para a pintura, ao contrário, o dado é a natureza, as cores às quais atribuirá significações intelectuais. Em consequência, a música é – embora desagrade a Giorgione ou Walter Pater... – incomparavelmente mais afastada das significações intelectuais do que a pintura. Esta diferença permitirá a Lévi-Strauss (ibid., p. 29) repetir sua condenação geral da arte abstrata, culpada, segundo ele, da veleidade de abandonar o nível das significações intelectuais das formas e das cores para aí não ver senão valores plásticos isolados.

---

[2] José Guilherme Merquior se refere ao poema de Paul Verlaine "Chanson d'Automne", publicado nos *Poémes Saturniens*. (N. E.)

A perda da significação sofrida pela arte moderna toma então uma fisionomia nova: apresenta-se como uma das formas de *"l'utopie du siècle, qui est de construire un systême de signes sur un seul niveau d'articulation"* (ibid., p. 32) ["a utopia do século, que é de construir um sistema de signos sobre um único nível de articulação"]. Este crime de lesa-dupla articulação assume naturalmente duas formas diferentes, conforme o nível negligenciado seja "cultural" ou "natural". A pintura abstrata, já o vimos, quer renunciar ao nível cultural. A música, desde Schoenberg, à "ancoragem" natural (ibid., p. 31-34), seja pela recusa de emprestar um fundamento natural (ou antes *naturalizado*) ao sistema das relações estabelecidas entre as notas do modo (música serial), seja pelo repúdio de sons musicais a favor de ruídos tornados irreconhecíveis, entre os quais é impossível definir relações simples (música concreta), de modo que se impede, neste caso também, a constituição de uma *ordem significativa na primeira articulação*, condição *sine qua non* para que os elementos desta sejam promovidos à qualidade de significantes pela *segunda* articulação.

Hipermediadora, ao mesmo tempo "mais natureza" e "mais cultura" que as outras artes, a música consegue ainda inverter a relação entre o emissor e o receptor (ibid., p. 25), de maneira que seja o segundo *"qui se découvre signifié par le message du premier"* (ibid., ibid.) ["que se descobre significado pela mensagem do primeiro"]. *"L'émotion musicale provient précisément de ce qu'à chaque instant, le compositeur retire ou ajoute plus ou moins que l'auditeur ne prévoit"* ["A emoção musical provém precisamente disso que a cada instante, o compositor retira ou acrescenta mais ou menos do que o ouvinte pode prever"], ainda que adivinhe em parte o projeto do autor. Assim, por exemplo, o ritmo antecipa ou atrasa os tempos, teoricamente constantes, de nossa grade fisiológica. Como a narrativa, a música, por meio deste "suspense" tornado visceral (e que lhe pertence, também, visceralmente), se executa em nós. *"Le mythe et l'oeuvre musicale apparaissant ainsi comme des chefs d'orchestre dont les auditeurs sont les silencieux exécutants"* (ibid., ibid.) ["O mito e a obra musical aparecem assim como regentes de uma orquestra cujos ouvintes são os silenciosos executantes"].

A finura da análise lévi-straussiana da experiência da música transpõe para um outro contexto a acuidade das observações de um Santo Agostinho ou de um Bergson a propósito da consciência do tempo sob a forma de gozo musical. Mas em nosso quadro teórico, o conceito central da "Abertura" de *Le Cru et le Cuit* permanece o de hipermediação. A música lança a ponte mais sólida entre natureza e cultura, e contudo ela não o faz senão ao preço (muito paradoxal na aparência) de reforçar mais do que nenhuma outra linguagem a especificidade de cada um dos dois polos que ela se dedica a ligar.

Na "Pièce Chromatique" do mesmo volume (L-S, 1964, parte IV, p. 4) – da qual E. Fleischmann (1966, p. 42) foi o primeiro a assinalar o alcance filosófico – Lévi-Strauss retoma, desta vez no movimento concreto da análise, a noção dialética da mediação natureza/cultura. Interpretando mitos sul-americanos sobre o animal sedutor e sobre a origem dos venenos de caça, mostra como o pensamento indígena atribui à sua ação a faculdade de reduzir ao mínimo o intervalo entre a cultura e a natureza. Todavia, indica também que, nos dois casos, esta mesma união da natureza e cultura é considerada como determinando sua disjunção (L-S, 1964, p. 285). Por quê? Porque

> *tout se passe comme si la pensée sud-américaine, résolument pessimiste par son inspiration, diatonique par son orientation, prêtait au chromatisme une sorte de malfaisance originelle, et telle que les grands intervalles, indispensables dans la culture pour qu'elle existe, et dans la nature pour qu'elle soit pensable par l'homme, ne puissent résulter que de l'autodestruction d'un continu primitif (...)* (ibid., p. 286)

["tudo se passa como se o pensamento sul-americano, resolutamente pessimista por sua inspiração, diatônico por sua orientação, prestasse ao cromatismo uma espécie de malefício original, e tal que os grandes intervalos, indispensáveis na cultura para que ela exista, e na natureza para que ela seja pensável pelo homem, não possam resultar senão da autodestruição de um contínuo primitivo (...).]

Isto fornece a Lévi-Strauss a oportunidade de citar o artigo "Chromatique" no *Dictionnaire de Musique* de Rousseau (*"Le Genre Chromatique est admirable pour exprimer la douleur et l'affliction (...)"* ["O gênero *Cromático* é admirável para exprimir a dor e a aflição (...)"]), e de fazer alusão às *"causes profundes du chromatisme de Tristan"* (ibid., p. 287) ["causas profundas do cromatismo de Tristão"]. Assim, a hiperdialética de natureza e cultura, encarnada pela música, parece remeter à ideia da necessidade dos intervalos, mas igualmente à dor que esta necessidade impõe aos homens – como se uma tristeza fundamental fosse a fisionomia afetiva da convicção de que a vida da cultura requer o afastamento do natural.

Atualmente, já estamos habituados a reconhecer em Rousseau a primeira expressão sistemática, no interior da cultura ocidental, da consciência do mal-estar inerente à civilização. Ninguém mais ousa falar de Rousseau como de um apóstolo da selvageria ou da "volta à natureza". Ele também só é *"pessimiste par son inspiration, diatonique par son orientation"* ["pessimista por sua inspiração, diatônico por orientação"] – o que nos obriga, aliás, a nuançar o sentido de "pessimista", já que nunca se tratou, para Jean-Jacques, de acusar de nulidade toda ação social, mas somente de não esquecer a insuficiência dos gestos humanos relativamente a nossos sonhos de felicidade, não derivando isto de nenhum modo de um desejo implícito de legitimar a ordem existente, mas, bem ao contrário, de um libertarismo consequente e radical.

Mas se, por um lado, a consciência da margem de infelicidade acompanhando, tal uma sombra, toda forma de cultura, tornou-se uma característica do libertarismo contemporâneo, e se, por outro lado, a arte em geral, e em particular, a de nossa civilização, possui a faculdade de se constituir em crítica da cultura, então é razoável pensar que a grande arte nascida do combate contra a civilização mecânica soube incorporar, no mais íntimo de suas produções, isso que teríamos direito de chamar "consciência cromática".

Estamos convencidos de que uma das qualidades essenciais da arte ocidental desde a consolidação da cultura industrial e urbana tem sido seu aspecto de "crítica da cultura", não somente no sentido de crítica de uma cultura determinada, mas no sentido muito mais complexo de crítica de uma cultura determinada a partir da perspectiva de uma crítica da cultura, simplesmente. Baudelaire dizia que uma das metades da arte olha para o presente, a outra para o eterno. Igualmente, o conteúdo histórico da significação da arte moderna parece coexistir com um conteúdo mais "abstrato": a crítica da cultura enquanto tal. Esta maneira de apresentar as coisas é contudo ainda muito pouco dialética; na verdade, as duas metades fazem parte uma da outra; todos os elementos da obra exibem sua imbricação. Talvez tornemos mais concretas a discussão sobre a arte deste período considerando um estilo particular. O nome de Baudelaire já nos oferecia esta possibilidade. Contudo, em vista do wagnerismo confessado de Lévi-Strauss (L-S, 1964, p. 23), que não hesita em fazer dele *"le père de l'analyse structurale des mythe"* (ibid., ibid.) ["o pai da análise estrutural dos mitos"], assim como a importância conferida pela obra lévi-straussiana à música, escolhemos Wagner. Por conseguinte, pediríamos à sua música que fornecesse o assunto de nossas últimas considerações, que não visam senão a um esclarecimento final do tema das relações entre a arte e a cultura à luz do estruturalismo.

O conceito da música wagneriana reflete admiravelmente quase todas as linhas de força da estética estrutural. Além disso, o sentido profundo do wagnerismo de Lévi-Strauss, além de sua significação na biografia de sua sensibilidade, desvenda um traço fundamental do conceito estruturalista da arte: sua afinidade com a tradição da arte moderna, pós-romântica, ela própria formada em torno da ideia de crítica da cultura. É entre os grandes fundadores desta tradição, tais como Wagner ou Baudelaire, que a estética lévi-straussiana escolhe os modelos da arte autêntica de nosso tempo.

Contudo... não parece paradoxal, ou mesmo contraditório, que se fale da importância da música enquanto "crítica da cultura", atribuindo-lhe portanto uma significação intelectual – após ter constatado que a estética estrutural manifesta uma consciência tão viva da irredutibilidade da música às ideias? Respondamos já que o paradoxo existe, mas não a contradição. Já para alguém tão pouco suspeito de intelectualismo reducionista como Baudelaire, o som e a cor não eram *"impropres à traduire des idées"* (Baudelaire, 1861, p. 438) ["impróprios para traduzir ideias"]. Para a estética estrutural assim como para toda uma tradição crítica, o cromatismo de Wagner "traduz ideias", sem nenhum prejuízo de sua especificidade musical. Thomas Mann não dizia (sem a menor intenção pejorativa) que, em Wagner, é a música que é literária, e não o libretto?

Qual é, pois, a direção da "significação" liberada pelo mundo sonoro de Wagner? Sempre se falou de tristeza. Este cromatismo – concentração de um número muito elevado de harmonias pertencendo a várias tonalidades diferentes no espaço de alguns compassos (Barraud, 1968, p. 54) – afasta resolutamente esta perpétua *"incitation à la danse"* ["incitação à dança"] sobre a qual está fundada a música clássica. Berlioz resumiu o sentimento geral quando expressou sua perplexidade perante *"ce gémissement chromatique"* ["esse gemido cromático"] cujas ressonâncias metafísicas impuseram um rápido reconhecimento do "pessimismo" de Wagner.

O pessimismo de Wagner, como se sabe, é de fundo schopenhaueriano. Supõe ao mesmo tempo o reconhecimento do grau supremo da música entre as artes, a transformação do culto humanista do indivíduo do classicismo de Weimar em hedonismo egoísta, desencantado, e a noção metafísica de uma Vontade compreendida como luta darwiniana pela vida. Schopenhauer é o sistematizador de um humanismo pessimista, onde o culto do homem tornou-se reverência, não mais ante suas criações, sua capacidade prática ou teórica, mas sim ante sua aptidão ao sofrimento, que o eleva acima dos animais. Entretanto, a música de Wagner não sugere exatamente a supressão da vontade de viver; em lugar da aspiração ao aniquilamento, Wagner só evoca *"la mort en tant qu'implicite, si le désir est comblé"* (Hutchings, 1948, p. 146) ["a morte enquanto implícita, se o desejo é satisfeito"]; noutros termos, substitui a sabedoria schopenhaueriana, baseada sobre a ataraxia, por uma volta à inquietude do desejo.

O capítulo dos *Complementos* a *O Mundo como Vontade e Representação*, intitulado "Metafísica do Amor", termina com estas palavras:

> Se agora (...) mergulhamos nosso olhar no tumulto da vida, vemos todos os seres tomados pelos males e as preocupações desta existência, procurando com todas as forças satisfazer a necessidades sem fim e defender-se contra sofrimentos variados, sem contudo poder esperar outra coisa além da conservação desta vida individual atormentada, durante um breve lapso de tempo. Ora, em meio a esta confusão, vemos encontrarem-se olhares cheios de desejos de dois amorosos. Mas por que de soslaio, temerosamente, furtivamente? Porque esses amorosos são traidores que procuram em segredo perpetuar toda esta miséria e todas estas penas, votadas sem eles a um fim próximo; eles querem impedir que tudo isso cesse, como seus semelhantes o fizeram antes deles.

Os amorosos, "os traidores" procurando secretamente perpetuar a miséria de nossa existência, é disso que Wagner fará o assunto de sua música. A "traição" do desejo é para ele um instinto sublime, porque ela encerra a aspiração da felicidade. O *ágon* erótico constitui a medula de sua arte. Restaura assim o valor atribuído por Goethe, Fichte e os românticos ao combate, ao esforço, ao *"Streben"*. E Wagner é de fato uma espécie de ponte entre o romantismo e a cultura "decadente" fim de século, o que é tanto mais evidente quanto as duas margens da ponte, no caso do mundo germânico, estavam muito mais separadas no tempo do que no resto da Europa, estando o romantismo alemão deslocado, relativamente aos estrangeiros, pelo menos de uma geração. Mas será que a volta ao "*Streben*" (sem falar da parafernália medieval) basta para classificar a ópera de Wagner entre as produções românticas? Pode-se duvidar. Sempre nos impressionou, nele, a ausência de qualquer sentido do transcendental (mesmo *Parsifal* não convencerá ninguém a este respeito). O universo wagneriano parece banhar-se num imanentismo erótico solidamente enraizado. Além disso, o romancista de gênio que existe nele, sua qualidade de mestre inigualável da caracterização psicológica (*"the first and most uncompromising realist in the application of music to drama"*, diria Tovey) ["o primeiro e mais descomprometido realista na aplicação da música ao drama"], é um traço nitidamente pós-romântico, uma afinidade entre sua ópera e a grande tradição do romance realista. Não nos enganemos: ainda que o erotismo wagneriano se revista da dignidade dos antigos objetivos metafísicos do romantismo – Baudelaire tinha razão em isolá-lo da sensualidade trivial, insistindo sobre sua nobre função de "contrarreligião" (Baudelaire, 1861, p. 452) – ele é no máximo um *"Streben"* revisto e corrigido por Schopenhauer. O ágon de Tristão pertence a um mundo onde as ilusões românticas estão superadas.

Contudo, de Schopenhauer a Wagner, não há apenas a substituição da moral do nirvana pelo impulso erótico; há também a passagem da ótica do indivíduo a uma problemática da comunidade. Sabemos que ele concebia o drama musical como *"le rite d'une nation tel qu'a été l'ancienne tragédie grecque"* ["o rito de uma nação tal como o foi a antiga tragédia grega"]. E, sem dúvida, sua arte conseguiu comunicar algumas emoções deste gênero, mesmo que isto se tenha dado ao lado do aspecto programático da "obra de arte do futuro". Pelo menos Baudelaire (sempre ele), em carta de 17 de fevereiro de 1860, confessava ao compositor que ficara emocionado, escutando-o, por *"la majesté d'une vie plus large que la nôtre"* ["a majestade de uma vida mais ampla que a nossa"]. Esta imagem de uma vida "mais ampla" que a dada aos homens no quadro estreito e insípido das tarefas da existência cotidiana agita a música de Wagner, assim como os poemas de Baudelaire e de seus herdeiros simbolistas. Ela implica ao mesmo tempo a recusa do estilo de vida da cultura urbana, de inautenticidade e da solidão que o distinguem, e a nostalgia de uma *outra* sociedade.

Uma das particularidades da tradição da arte pós-romântica nascida por volta de 1860 é apresentar os sinais desta consciência da comunidade em termos de uma crítica da cultura elaborada através de imagens arquetípicas e não em termos de "crítica social" elaborada através de símbolos históricos concretos. Esta diferença é essencial: ela explica porque a crítica "engajada" tão frequentemente tratou a música wagneriana ou o grande lirismo europeu a partir de Baudelaire como manifestações "evasionistas". Sendo a crítica engajada quase inteiramente dominada por modelos estilísticos clássico-realistas, o questionamento da cultura não poderia significar nada mais a seus olhos do que "crítica social" no sentido político e socioeconômico, mas não crítica da civilização mecânica em seu todo. Igualmente, o ponto de vista antropológico da arte moderna, no sentido das *Fleurs du Mal* ou do *Castelo*, só podia parecer "ideológico" ao sociologismo da crítica "engajada".

"Abandonei de uma vez por todas o terreno da história e me estabeleci no da lenda." Esta frase de Wagner foi compreendida sem dificuldade por Baudelaire, do qual contudo o menos que se pode dizer, a propósito da história, é que foi o primeiro grande autor a fazê-la penetrar na poesia europeia moderna. Aquela frase não tinha nenhuma chance de ser compreendida pela crítica "engajada", demasiado pouco dialética – e demasiado reducionista para poder confiar nas astúcias da arte – para admitir que o afastamento do realismo histórico era uma maneira de ganhar uma perspectiva melhor sobre a história.

Filosoficamente ligada ao "progressismo", a crítica engajada reclama da arte uma imagem figurativa e linear do tempo. Ela está portanto mal preparada para interpretar um aspecto típico do estilo moderno: "o declínio da admiração pela continuidade" (Frye, 1967, p. 65) – cuja mola mais profunda é a superação do que Karl Polanyi chamou *"uncritical reliance on the alleged self-healing virtues of unconscious growth"* ["confiança não crítica nas alegadas virtudes autocurativas do crescimento inconsciente"].

Theodor W. Adorno (1952) escreveu páginas admiráveis sobre o papel estilístico do tempo em Wagner. Mostrou até que ponto representa uma revolução relativamente à significação teleológica da duração no sinfonismo clássico. Quanto a Baudelaire, Walter Benjamin (1939) nele proclamou o precursor do sentido proustiano da descontinuidade do vivido. Entre o começo da música moderna, inaugurada por *Tristão*, e o início da poesia moderna, as afinidades se acumulam. Elas não têm nada de superficial; apontam sempre para uma atitude comum: a crítica radical da cultura contemporânea, a colocação em causa das relações entre o homem e a natureza. Uma estética atualizada, nutrida, não de modismos, mas do espírito dos valores centrais da arte moderna, deve reconhecer a dimensão crítica da tradição da arte de vanguarda, inclusive sua capacidade profética de ir além do horizonte teórico das ideologias revolucionárias, às vezes ainda cativas das ilusões da cultura mecânica em que vivemos.

Siegfried evocava Bakunine aos olhos de Bernard Shaw. Se restituímos ao anarquismo sua verdadeira dignidade, se o concebemos como libertarismo radical, somos levados igualmente a considerar o wagnerismo de Lévi-Strauss como a expressão estética desta *vontade do metassocial*[3] que define, a nosso ver, a vocação profunda do pensamento estrutural, e o faz colocar a felicidade e a liberdade do homem além de toda coerção social, nessas

---

[3] Tomamos emprestado o termo "metassocial" a Pierre Clastres (1966, p. 27).

breves pausas ou refúgios em que ele se reencontra e se põe em harmonia com seus semelhantes e com a natureza (L-S, 1955, passim; L-S, 1956).

A "*Liebessehnsucht*" wagneriana, crítica da cultura sob forma de um esquecimento erótico do cotidiano, pertence à raça do "Invitation au Voyage":[4] traduzindo o sonho para sempre repetido da felicidade negada pela vida social, denuncia ao mesmo tempo toda a pretensão da ordem presente em se dar por legítima, e toda a tentação, por parte das forças revolucionárias, de se fazerem passar por veículo da felicidade definitiva. Portanto, esta crítica da cultura renuncia de antemão a separar a problemática do grupo da problemática do indivíduo. Está despida da ingenuidade de crer que os problemas éticos serão automaticamente resolvidos no dia em que a ordem social presente for transformada. A arte "decadente" da tradição da vanguarda discerniu a inextricabilidade das duas problemáticas através de uma fusão característica da paixão do bárbaro com o amor pelo refinado. Wagner, o primeiro grande decadente, foi atraído ao mesmo tempo pelo hiperbárbaro e pelo hiper-refinado (Ladislao Mittner). Sua música foi a primeira a compreender que a cultura moderna, do fundo de sua doença, procura desesperadamente assegurar ao indivíduo uma experiência harmônica análoga, sem contudo ser idêntica, à do homem "primitivo" – do homem de uma sociedade que não conhece o indivíduo no sentido moderno. É exatamente à luz de uma tal perspectiva dialética que é preciso compreender o motivo da comunidade na arte contemporânea, do "*bain de foule*" ["banho de multidão"] de Baudelaire às intenções ritualistas do "*Gesamtkunstwerk*" de Wagner e do *Livro* de Mallarmé. Este último, aliás – ainda um wagneriômano[5] – embora sendo a própria encarnação do

---

[4] Aliás, o poema é significativamente citado por Lévi-Strauss (1966, p. 254).

[5] Lévi-Strauss tem o cuidado de não esquecê-lo, incorporando três hemistíquios da *Hommage* a Wagner de Mallarmé ao seu próprio panegírico (L-S, 1964, p. 25).

refinamento artístico, não soube encontrar melhor divisa do que o muito "primitivo".

Donner un sens plus pur aux mots de la tribu[6]

A junção entre a estética estrutural e a corrente mais poderosa da arte moderna, sob a dupla bandeira da defesa da autonomia dos valores artísticos e da crítica da cultura, é um acontecimento de alta significação. Seguindo o wagnerismo lévi-straussiano, procuramos destacar algumas de suas implicações. Por sua fidelidade aos grandes fundadores da arte de vanguarda, a estética estrutural renovou o estudo das relações entre a arte e a cultura, arrancando-o dos equívocos do sociologismo. É preciso procurar o sentido da música de Wagner além do quadro representado pela origem social do público de Bayreuth na época de Bismarck... É preciso empreender a análise sociológica da obra de arte do interior mesmo de sua leitura estética, quando mais não fosse apenas porque o desenvolvimento das formas de arte está longe de coincidir com a evolução político-social. Baudelaire (1861, p. 442) já observava esta contradição, assinalando que as revoluções em arte se produzem frequentemente nos períodos reacionários (o romantismo sob a Restauração, Wagner sob o Segundo Império).[7]

Pela acuidade de sua análise, a estética estrutural supera de muito o caráter não desenvolvido de suas principais proposições, tais como podemos colhê-las no tecido polifônico da obra de Lévi-Strauss. Ela chega a se situar num nível teórico bastante elevado para que se possa compará-la

---

[6] "Um sentido mais puro às palavras da tribo"; na tradução de Augusto de Campos para o verso do poema "Tombeau d'Edgar Poe".

[7] Dizemos adeus a Baudelaire (nesse contexto dominado pelo estruturalismo) remetendo à passagem profética de seu ensaio sobre Wagner (Baudelaire, 1861, p. 456) em que ele rejeita o estudo histórico-genético dos mitos, a favor de uma pesquisa *"du principe absolu de tous les êtres"* ["do princípio absoluto de todos os seres"]. Se rejeitamos, por nossa vez, sua terminologia teológica, permanece o fato (...) de que ele legitimava, quando mais não fosse, contrário *sensu*, a análise estrutural! (Na edição da Pléiade, a passagem em questão se encontra nas p. 1223-29).

sem dificuldade a algumas outras grandes meditações modernas sobre a relação entre a arte e a sociedade, as de um Lukács ou de um Adorno. Mas a estética de Lukács, fundada sobre uma idealização moralista do real, choca-se com toda a tradição da vanguarda, limitando seus modelos de estilo à *Aufklärung*, ao classicismo de Weimar e ao romance de 1830, enquanto que a teoria de Adorno, embora mais flexível e mais católica em seus gostos, desemboca, à maneira de Hegel, numa segunda decretação da "morte da arte" – terrorismo estético que não é mais do que a projeção do incurável desengano do neomarxismo da escola de Frankfurt.

Em compensação, as observações de Lévi-Strauss, em seu conjunto, parecem ilustrar uma concepção muito mais dialética da arte e de suas relações com a cultura. Temos o direito de nos perguntar se este equilíbrio não é, em parte, o resultado deste *humanismo crítico* por intermédio do qual o olhar estruturalista, recusando-se obstinadamente às ilusões metafísicas do humanismo clássico, se esforça em abrir à cultura uma nova perspectiva sobre si mesma, menos esmagada pela desproporção entre a hipertrofia do fazer e a atrofia da sabedoria e da sensibilidade. Em todo caso, o ativo da reflexão estética de Lévi-Strauss é já imponente. Poderíamos resumi-lo, dizendo que ele contribui de maneira substancial para assegurar a maturidade da contribuição fundamental do "formalismo" à estética – a implantação da consciência do signo – acrescentando-lhe uma dimensão que é solidária, e igualmente decisiva: o sentido da abertura essencial da obra de arte sobre a realidade da cultura e do mundo.

A antropologia estrutural não poderia, aliás, ignorar a estética. A arte não é uma manifestação *privilegiada* do *"type même de phénomène à quoi s'intéresse l'ethnologue, c'est-à-dire la relation et le passage de la nature à la culture"* (L-S, 1971, p. 131) ["tipo mesmo de fenômeno pelo qual se interessa o etnólogo, isto é, a relação e a passagem da natureza à cultura"]? O discurso sobre o homem não aborda de forma alguma "de fora" o discurso sobre a arte.

Apêndice I

A ESTÉTICA DO "FINALE"
DAS *MYTHOLOGIQUES*

No "Finale" da tetralogia *Mythologiques* (L-S, 1971, p. 559-621), verdadeira exposição sinfônica do pensamento lévi-straussiano, a reflexão estética não se limita a retomar os temas e análises introduzidos pelos precedentes escritos do autor. Se a comparação entre o mito e a música (ibid., p. 577-80) possui aí, sobretudo, valor de síntese reiterativa, o que é dito a respeito da música em si (ou ainda, numa escala mais modesta, sobre o romance) acrescenta bastante às observações anteriores. Em consequência, nosso projeto – executado bem antes do coroamento das *Mythologiques* – de isolar, de maneira esquemática, na obra de Lévi-Strauss, as páginas consagradas seja à arte em geral, seja ao estudo das artes (p. 1), está exigindo uma suplementação, por meio do exame das mais recentes contribuições do fundador da antropologia estrutural à pesquisa estética. Só abordaremos, contudo, a estética musical.

Embora apresentadas, como parte do "Finale", a título de elementos de uma "*libre rêverie*" (ibid., p. 619), as novidades estéticas de *L'Homme Nu* (*Mythologiques IV*) não pecam por falta de rigor lógico. A caracterização da música, por exemplo, é o produto de um quadro perfeitamente estrutural: o quadro das relações de correlação e de oposição existentes entre os quatro "ocupantes principais" do campo dos estudos estruturalistas: as entidades matemáticas, as línguas naturais, as obras musicais e os mitos (ibid., p. 578). De fato: os seres matemáticos, que consistem em estruturas inteiramente "desencarnadas", e os fatos da língua, que só existem, segundo o ensinamento de Saussure, encarnados a um só tempo no som e no sentido, seriam casos extremos, frente aos quais música e mito ocupam posições intermediárias, e invertidas entre si: na música, a estrutura, *"en quelque sorte décollée du sens, adhére au son; tandis que dans les mythes, la structure, décollée du son"* (ao contrário, como vimos, da poesia), *"adhère au sens"* ["de algum modo descolada do significado, adere ao som", "ao passo que nos mitos, a estrutura, descolada do som, adere ao significado"]. No que diz respeito à estética musical, este quadro de Lévi-Strauss concorda, seja dito de passagem, com as concepções do fundador da música concreta, Pierre Schaeffer: *"L'objet musical le plus désincarné, le plus abstrait des objets qu'il nous soit donné de percevoir, possède en effet cette vertu d'être à la fois le plus mathématique et le plus sensible"* (Schaeffer, 1966, p. 661) ["O objeto musical desencarnado, o mais abstrato dos objetos que nos seja dado perceber, possui com efeito a virtude de ser a um só tempo o mais matemático e o mais sensível"]. Na verdade, ambos não fazem senão renovar uma opinião já antiga: é significante pensar na filosofia musical romântica, notadamente num Wackenroder.

Colocados assim entre a ordem sem corpo e sem conteúdo dos seres matemáticos e a estrutura eminentemente somática e semântica dos fatos da linguagem, mito e música solicitam a atenção especial dessa especialista das mediações que é a análise estrutural. No entanto, suas afinidades não ficarão nisso. Nova analogia se desenha entre a música e o mito, desta vez do ângulo da experiência de sua *audição*.

> *La mythologie et la musique ont ceci en commun qu'elles convient l'auditeur à une union concrète, avec toutefois cette différence qu'au lieu d'un schème codé en sons, le mythe lui propose un schème codé en images. Dans les deux cas pourtant, c'est l'auditeur qui investit une ou plusieurs significations virtuelles dans le schème, de sorte que l'unité réelle du mythe et de l'oeuvre musicale ne se produit qu'à deux, dans et par une sorte de célébration. L'auditeur en tant que tel n'est pas créateur de musique, que ce soit par carence naturelle ou du fait occasionnel qu'il écoute l'oeuvre d'autrui, mais une place existe en lui pour elle: c'est donc un créateur "en négatif", de qui la musique émanée du compositeur vient combler les creux. Phénomène inexplicable, à moins de reconnaître que le non-compositeur dispose d'une profusion de sens inutilisés par ailleurs, mais prêts à s'échapper, attirés*

comme par l'aimant pour venir adhérer aux sons. Ainsi se reconstitue dans un pseudo-langage l'union du son, proposé par le compositeur, et du sens détenu à l'état latent par l'auditeur. En rencontrant la musique, des significations flottantes entre deux eaux émergent, et faisant surface, s'agrègent les unes aux autres selon des lignes de force analogues à celles qui déterminaient déjà l'agrégation des sons. D'où cette sorte d'accouplement intellectuel et affectif qui s'opère entre le compositeur et l'auditeur. L'un n'est pas moins important que l'autre, car chacun détient un des deux "sexes" de la musique dont l'exécution permet et solennise l'union charnelle. (ibid., p. 585)

[A mitologia e a música têm isso em comum: convidam o ouvinte a uma união concreta, com a diferença, não obstante, de que, em lugar de um esquema codificado em sons, o mito lhe propõe um esquema codificado em imagens. Nos dois casos, porém, é o ouvinte que investe uma ou várias significações virtuais no esquema, de modo que a unidade real do mito e da obra musical só se produz a dois, em e por uma espécie de celebração. O ouvinte enquanto tal não é criador de música, seja por carência natural, seja pelo fato ocasional de escutar a obra de outrem; mas existe nele um lugar para esta: trata-se, portanto, de um criador 'em negativo', cujos vazios a música emanada do compositor vem preencher. Fenômeno inexplicável, a menos que se reconheça que o não compositor dispõe de uma profusão de sentidos inutilizados de outras maneiras, mas prontos a escapar-se, atraídos como por um ímã, para vir aderir aos sons. Assim se reconstitui numa pseudolinguagem a união do som, proposto pelo compositor, e do sentido detido em estado latente pelo ouvinte. Reencontrando a música, significações flutuantes entre duas águas emergem, e, vindo à tona, agregam-se umas às outras de acordo com linhas de força análogas às que já havia determinado a agregação dos sons. Daí essa espécie de cópula intelectual e afetiva que se opera entre compositor e ouvinte. Um não é mais importante do que o outro, pois cada um deles detém um dos dois "sexos" da música, cuja execução permite e soleniza a união carnal.]

Na audição da música, como na dos mitos, se realiza uma união virtual *"comme par l'effet d'une copulation"* (ibid., p. 586) ["como por efeito de uma cópula"]. Exatamente como a narração do mito, a escuta melódica deriva de uma espécie de erotismo do espírito. A música deve seu prestígio a este ato de amor onde as significações que nos obsedam, em parte preexistentes, em parte despertadas pela própria escuta, "colam", fundindo-se, às estruturas sonoras. Melos só vive através de Eros; a lenda de Orfeu, músico e amante feliz, simboliza à perfeição a natureza "sexual" da experiência musical.

Havíamos observado (L-S, 1964, p. 25; cf. supra p. 86) que o suspense inerente à audição de peças de música, análogo nisso às surpresas da narrativa, fazia do receptor alguém "significado" pela mensagem do emissor (compositor) na medida em que, "por exemplo, o ritmo antecipa ou atrasa os tempos (...) de nossa grade fisiológica". Aí temos uma particularidade que se adiciona às funções mnemotécnicas do ritmo, sublinhadas desde a estética psicológica de Wundt e a musicologia alemã do século XIX (Bayer, 1961, p. 288 e 290).

Sob esse aspecto, aliás, Lévi-Strauss parece reatar com uma linha de pensamento muito venerável. A estética da Belle Époque se comprazia em sublinhar, com um K. Lange ou um M. Dessoir, o caráter puramente "lúdico", isto é, não mimético, da arte musical. Entretanto, toda uma longa tradição assinalara a mímese dos meios. A *Política* de Aristóteles (1340a 35) distingue a imitação *indireta* das paixões, própria da pintura, da imitação *direta* executada pela música. Subscrevemos inteiramente o comentário de J. G. Warry na sua lúcida *Greek Aesthetic Theory*: Aristóteles – que não estava aqui nada isolado no pensamento grego – esboça assim a tese de que o efeito musical reproduz a experiência vital, mas a reproduz *"internally at a nervous and muscular level"* (Warry, 1962, p. 109) ["internamente, num nível nervoso e muscular"].

Vê-se sem dificuldade que o rico conceito de mímese (tão bobamente desprezado pelo formalismo "ultra" de hoje) soubera explicar o papel da "grade" interna, psicovisceral, na escuta musical. A estética moderna reconhece esse papel de maneira implícita, ao afirmar com S. Langer: *"Music presents an auditory apparition of* time; (...) *of what one might call* felt time*"* (Langer, 1957, p. 37) ["a música apresenta uma aparição auditiva do *tempo* (...) do que se poderia chamar *tempo sentido*"]. Ora, pelo jogo "erótico" da significação emprestada aos sons pelo ouvinte, uma semântica *cultural* da música se junta, invertendo-a, à semântica *visceral* de que falava Le Cru et le Cuit: pois o sentido "visceral" da música é um presente do compositor-"Hitchcock" ao ouvinte, ao passo que o sentido "cultural", ou melhor *cultual*, da audição musical – o fato de ela ser vivida como um rito em que nosso pensamento se prende à arquitetura dos sons – parece dado pelo ouvinte ao compositor.

É sabido que, em linguística, as *conotações* são – por oposição ao singular de *denotação* – tudo o que, no valor semântico de um termo, este "pode evocar, sugerir, excitar ou implicar de maneira clara ou vaga, em cada um dos usuários (da língua) individualmente" (Martinet, 1967, p. 1.288). O sentido emprestado pelos ouvintes à música é um tecido de conotações. Por essa mesma razão, a experiência musical e a do mito se aproximam do fenômeno poético. Qualquer que seja, com efeito, a arte do poeta (no sentido largo da palavra), qualquer que seja sua habilidade em explorar os recursos da "função poética da linguagem" (Jakobson, 1960/63, p. 218), quer dizer, "da focalização da mensagem linguística enquanto tal", o valor estético do texto literário depende sempre da capacidade que este possua de produzir em nós conotações suficientemente expressivas, evocatórias, sugestivas. De modo que, mesmo se na poesia o sentido já está, à diferença da música ou, a rigor, do mito, na mensagem –

em vez de vir da "cópula" realizada quando da narração do mito ou da execução da obra musical, – ainda assim a leitura poética partilha, pelo menos *ao nível da percepção dos valores estéticos*, do erotismo intelectual onde mito e música vão buscar sua significação humana.

Mas voltemos à estética musical do fim das *Mythologiques*. Sua abertura nos assinalara (L-S, 1964, p. 36) o caráter hipermediador da música. Utilizando por assim dizer duas "grades": uma natural, porque explora os ritmos orgânicos, outra, cultural, porque consiste em uma escala de sons "cujo número e cujas distâncias variam segundo as culturas", a música as reforça dos dois lados. Dobra a grade interna, ou natural, dirigindo-se não somente ao tempo psicológico do ouvinte, mas também a seus ritmos viscerais, manifestados pelo movimento cardíaco e respiratório; e reforça igualmente a grade externa ou cultural, pois esse, o dado cultural, que é a escala musical, remete por sua vez a *sons*, isto é, a objetos que já estão do lado da cultura "em virtude de se oporem aos ruídos, únicos elementos dados *sub specie naturae*".

L'Homme Nu soma a esta hipermediação no eixo da oposição natureza/cultura que é a música uma mediação não menos sutil, de valor existencial. Retomando as teses desenvolvidas por Arthur Koestler (1949) a partir de Freud (*O Chiste em suas Relações com o Inconsciente*, 1905) a propósito do fenômeno do riso, Lévi-Strauss liga este último a um processo de economia da função simbólica. O incidente cômico, o dito espirituoso, a história engraçada dispensam de súbito os serviços daquela reserva de atividade simbólica de que dispõe o espírito humano para enfrentar os estímulos da natureza prática ou puramente mental; liberada, ficando momentaneamente sem aplicação, a energia assim poupada explode na alegria do riso. Esta interpretação, que se afasta da célebre teoria bergsoniana sobre a origem do riso (contraste entre o orgânico e o mecânico), leva a ver na angústia o contrário mesmo do cômico. Na angústia, com efeito, em vez de encontrar-se ante um atalho oferecido de maneira inesperada aos penosos trajetos que ela deve, o mais das vezes, tomar, para explicar-se a vida e preparar a ação, a função simbólica se desencoraja face às dificuldades, cai numa paralisia de que as "cãibras" são a tradução muscular, como as vibrações do corpo o eram da percepção do cômico. Resultando de uma "frustração da função simbólica" (L-S, 1971, p. 609), a angústia se situa assim nos antípodas da exuberância eufórica vivida pelo pensamento no riso.

A emoção musical seria então uma ponte conduzindo da angústia à beatitude intelectual proporcionada pelo riso. Pois o que suscita, na experiência musical, a sensação da felicidade não é senão

> (...) *un trajet réellement accompli par l'oeuvre, et réussi en dépit des difficultés (telles seulement pour l'auditeur) que le génie inventif du compositeur, son besoin d'explorer les ressources de l'univers sonore, lui a fait amasser en même temps que les réponses qu'il leur donnait. Entraîné haletant dans ce parcours, l'auditeur se trouve, par chaque résolution mélodique ou harmonique, comme envoyé en possession du résultat. Et n'ayant pas dû lui même découvrir ou forger ces clefs que l'art du compositeur lui fournit toutes faites au moment où il les attend le moins, tout se passe comme si le trajet laborieux, parcouru avec une aisance dont, réduit à ses seules ressources, l'auditeur se fût montré incapable, était, par faveur spéciale, mis pour lui en court-circuit.* (ibid., p. 589)

> [(...) um trajeto realmente percorrido pela obra e logrado a despeito das dificuldades (que só o são para o ouvinte) que o gênio inventivo do compositor, sua necessidade de explorar os recursos do universo sonoro, fez com que reunisse ao mesmo tempo que as respostas que ele lhes dava. Atraído, ofegante, para esse percurso, o ouvinte se acha, a cada resolução melódica e harmônica, como que investido da posse do resultado. E não tendo que ter descoberto ou forjado por si mesmo as chaves que a arte do compositor lhe fornece prontas no momento em que ele, ouvinte,

menos as esperava, tudo se passa como se o trajeto laborioso, percorrido com uma desenvoltura da qual, se reduzido a seus próprios recursos, o ouvinte se teria mostrado incapaz, fosse, por especial favor, colocado para ele em curto-circuito.]

Ao "encurtamento" do riso corresponde, no reino de Euterpe, um curto-circuito altamente agradável à inteligência e à sensibilidade, ou melhor, a essa *metamorfose sensual do entendimento* que a música realiza ao lançar a audição, o mais intelectual dos sentidos, nos ritmos obscuros da vida orgânica (ibid., p. 587). Ora, esse curto-circuito, resolvendo a angústia em emoção jubilosa, faz da experiência musical um "modelo reduzido" da própria experiência, porque *"le vrai trajet laborieux, celui auquel (l'homme) rapporte tous les autres, c'est sa vie même avec ses espoirs et ses déceptions, ses épreuves et ses réussites, ses attentes ses achèvements"* (ibid., p. 589) ["o verdadeiro trajeto laborioso, aquele ao qual (o homem) referem todos os outros, é a sua própria vida, com suas esperanças e decepções, suas vicissitudes e seus êxitos, suas expectativas e suas realizações"]. A música imita, acelerando-as, as peripécias da vida humana. Ela cria em nós, nas palavras de S. Langer, *"an organic, purely virtual image of subjective time in its passage"* (Langer, 1957, p. 39) ["uma imagem orgânica, puramente virtual, do tempo subjetivo em sua passagem"] – sendo "virtual" designa precisamente a sensação musical como imagem em miniatura do vivido. Como toda arte, a música não "exprime" o vivido: nos dá, isso sim, os meios de compreendê-lo, ainda que de maneira intuitiva.

A estética de *La Pensée Sauvage* (L-S, 1962b, p. 34-36; cf. supra p. 32-36) já nos havia familiarizado com o conceito de obra de arte como "modelo reduzido". Desta vez, o que é assimilado a uma redução mimética, não é mais a obra: é a experiência estética. Portanto, a música absolutamente não contradiz a natureza *aberta* (Umberto Eco) de toda verdadeira obra de arte (não é o ouvinte que empresta um sentido à música, colaborando assim ativamente com o compositor para realizá-la enquanto "objeto intencional" por excelência [como diriam os fenomenólogos] – todos os seres estéticos não tendo significado fora de sua relação com a consciência imaginativa?); mas, ao mesmo tempo, ludibriando com astúcia sua expectativa psicológica e visceral, ela deixa o ouvinte sob o poder do compositor. O que faz o prazer do ouvinte é o encontro de imprevisíveis soluções para as dificuldades da forma sonora. Tanto assim que os melhores compositores são sempre aqueles nos quais o desenvolvimento e a variação se põem decididamente a serviço da *diferença*. Segundo Adorno (1949/1962), Beethoven transformou a variação, tanto tempo disfarce do mesmo, numa perseguição do idêntico através do diferente; e Stockhausen disse das *33 Variações sobre uma Valsa de Diabelli* que em vez de apresentar o mesmo objeto sob luzes diferentes, apresentavam 33 *objetos* diferentes na luz, que as atravessa (citado em Boucourechliev, 1963, p. 91). Aliviando a inquietude do espírito após tê-la suscitado pelo jogo prolongado da diferenciação prolongada, a mímese musical imita a vida, mas termina imitando apenas a vida ideal: a vida na felicidade.

 A força estética do musical continua para Lévi-Strauss ligada a uma espécie de aura conotativa. O itinerário da emoção melódica – da angústia a este análogo do bem-estar devido ao cômico – evoca a seus olhos a psicologia musical de Proust. As páginas da *Recherche* sobre a pequena frase da sonata de Vinteuil, que se tornaram, como sabemos, o *locus classicus* do pensamento musical impressionista, servem de prelúdio à teoria lévi-straussiana da música como mediação e mímese existencial. No "Finale", onde a paixão da música irá até traçar (em polêmica contra Henri Pousseur) uma análise formal do *Bolero* de Ravel, as predileções ao mesmo tempo pós-românticas e pré-"modernas" de Lévi-Strauss se confirmam. Seria possível dizer sem esquematizar muito que a tetralogia das *Mythologiques*, com seus capítulos de títulos musicais, suas referências explícitas (a última se encontra em L-S, 1971, p. 620) ao outro tetralogista, Wagner, considerado desde a "*ouverture*" como "o pai da análise estrutural dos mitos" (L-S, 1964, p. 23), pertence a um universo de gosto e de cultura dominado em literatura pelos nomes de Baudelaire e Proust, em música, pelos de Wagner e Debussy.

Wagner, presença ubíqua nas *Mythologiques* (não é por acaso que as páginas wagnerianas do *Le Cru et le Cuit* figuram hoje entre os estudos reunidos no programa do festival de Bayreuth), reina de modo mais soberano nas partes teóricas do começo da tetralogia, e sobretudo na "peça cromática", problemática da relação natureza/cultura colocada sob o signo da partitura revolucionária de *Tristão e Isolda* (ibid., p. 287). No "Finale", em compensação, as reflexões sobre o sentido existencial da música e a adoção da estética da sonata de Vinteuil fazem pensar de preferência no impressionismo. Todavia, sabemos quanto este deve, malgrado as aparências, ao wagnerianismo. Para Lévi-Strauss, o parentesco entre Wagner e Debussy não é duvidoso. Tanto mais que se trata, de acordo com a *"ouverture"*, de "músicos do mito", distintos a um só tempo de "músicos do código", como Bach ou Stravinsky, e de "músicos da mensagem", como Beethoven (ibid., p. 38).

O verdadeiro tema diacrônico do "Finale" não deriva, porém, da musicologia, mas da inteira história da civilização. De fato, para Lévi-Strauss, a relação de simetria unindo mito e música enquanto domínios intermediários entre o polo da linguagem e o das entidades matemáticas (cf. supra) vale apenas para uma certa música: a polifonia ocidental dos tempos modernos, a qual, nascida no século XVII, expandiu-se com a invenção da fuga, e cujo *"effacement"* se observa atualmente (L-S, 1971, p. 583). O triunfo da polifonia moderna coincide com o racionalismo filosófico introduzido por Descartes e a visão do mundo baseada na físico-matemática de Galileu e Newton, na própria época em que "as formas do pensamento mítico afrouxam seu controle em benefício do saber científico nascente" (ibid., ibid.). A composição segundo o sistema de Bach-Rameau herda um tipo de estruturação plenamente constituída nos mitos: a arte da fuga (cf.

L-S, 1964, p. 155-71). Esboça-se uma homologia, por conseguinte, no eixo diacrônico, entre a estrutura do mitos e as formas da música tonal da Idade Moderna.

Seria bem interessante confrontar esta homologia diacrônica mito/música, proposta por Lévi-Strauss, com a homologia *sincrônica* descoberta por Max Weber entre a música ocidental dos tempos modernos e a tendência geral do Ocidente à *racionalização* da cultura e da sociedade. Num ensaio ainda pouco conhecido, Weber (1921/1958) conseguiu destacar diversas afinidades eletivas entre a música dos tempos modernos e o processo em que via a chave da evolução do mundo ocidental: o predomínio crescente de um certo modo de ação social, a saber, a ação racional em relação a seus fins (*zweckrational*). Assim como o uso da ogiva, enquanto procedimento racional de distribuição de pressões, só foi erigido em princípio arquitetônico na Europa, assim como só a pintura ocidental desenvolveu a representação do espaço por meio de uma perspectiva *racional*, só no Ocidente a escala musical, a harmonia e o contraponto foram mais fortemente submetidos a regras codificadas. Só no Ocidente a composição musical se tornou um cálculo rigoroso, cujos produtos, transcritos numa notação bem sistemática, são destinados a uma orquestra também altamente racionalizada (Weber, 1905/1967, p. 12-13; 1921, passim). Lembremos que Weber estimava a *ciência moderna* e sua infraestrutura social, a burocracia do Estado-nação e o capitalismo (todos fenômenos aparecidos ou desenvolvidos com maior energia a partir do século XVII) outras tantas manifestações da racionalização da vida.

Ora, na opinião de Lévi-Strauss, essas estruturas míticas, herdadas pela composição musical, começam agora a ser abandonadas pela música. Tais estruturas estariam emigrando para a... análise estrutural dos mitos (L-S, 1971, p. 584). Desde a revolução schoenberguiana, a música se dispõe a deixar as formas de organização interna que foram as do mito e que nos nossos dias, o discurso antropológico tenta recuperar. Seria, porém, errôneo encarar essa sequência mito-melo-logos numa perspectiva racionalista tradicional – porque esse logos antropológico que, de posse do método estruturalista, recebe as estruturas do mito da música tonal agonizante não é senão um saber justificador da lógica do sensível (ibid., p. 569), a "ciência do concreto" (L-S, 1962, p. 3), ou seja: a *"pensée sauvage"*.

"As ordens da cultura se substituem umas às outras e, perto de desaparecerem, cada uma transmite à ordem mais próxima o que foi sua essência e sua função" (L-S, 1971, p. 584). A tríade mito-música-análise mitológica ilustra essa sucessão grandiosa. Já *La Pensée Sauvage* nos advertia, a propósito do pretenso totemismo, que "a forma da estrutura pode às vezes sobreviver, quando a própria estrutura sucumbe ao acontecimento" (L-S, 1962, p. 307). Essas fórmulas bastam, aliás, para distinguir a macrodiacronia do "Finale" das ideias de Hegel sobre a progressão do Espírito absoluto. No sistema hegeliano, o Absoluto é dado primeiro como arte (Grécia), em seguida como religião (cristianismo), enfim como filosofia. Trata-se de um esquema histórico (Hegel, 1835/1944, t. I, p. 136-38), no qual a arte "cede o seu lugar a formas de consciência mais elevadas" (ibid., ibid.). Temos pois uma *sucessão de funções*. Os três "reinos" do Absoluto: arte, religião e filosofia têm sem dúvida o mesmo conteúdo (ibid., p. 134); mas são, ainda assim, respostas às "necessidades – hierarquizadas – do Espírito" (ibid., p. 137). Na teoria lévi-straussiana, ao contrário, existe antes *sucessão de formas de uma só função*: pois o que emigra do mito para a música, e desta para o saber antropológico, é apenas uma mesma estrutura de pensamento – é a lógica do sensível ou *"pensée sauvage"*, configuração especial do espírito humano (a inicial minúscula contrastando aqui com a maiúscula idealista do Espírito hegeliano). Mito, música e análise mitológica não são senão formas de uma só estrutura-função.

"Para nós, a arte não é mais a forma mais elevada na qual a verdade se proporciona a existência" (Hegel, op. cit., p. 136). Parece que, como outrora Hegel, Lévi--Strauss constata a morte (por intermédio da música) da arte – pelo menos da arte enquanto atividade pertencente ao núcleo da civilização. Lévi-Strauss tinha aliás cuidadosamente treinado para essa oração fúnebre. Não havia ele confessado sua antipatia pela pintura abstrata (L-S, 1962, p. 43n; cf. supra, p. 68-70) – podendo o abstracionismo, segundo ele, representar o último estágio na vida histórica da arte pictural (L-S, 1961, p. 139)? Nem sequer foi mais indulgente no que toca à literatura de nossos dias. O "Finale" vitupera numa breve alusão *"l'insupportable ennui qu'exsudent les lettres contemporaines"* (L-S, 1971, p. 573) ["o tédio insuportável que exalam as letras contemporâneas"]. Embora muito mais matizado, o repúdio da música serial e pós-serial, inscrito na "Ouverture" das *Mythologiques*, não é cancelado. No máximo, Lévi-Strauss nos convida (ibid., p. 585) a ver nas composições seriais herdeiras da estrutura rapsódica do romance. Não se esqueça, porém, que ele estima o romance, esse tipo de *"récit"* nascido da "extenuação" do mito (L-S, 1968, p. 106; cf. supra, p. 59-66), um gênero também moribundo (L-S, 1971, p. 585). Um Luciano Berio pode se inspirar à vontade em *Le Cru et le Cuit*; a aventura da música após Stravinsky não parece seduzir Lévi-Strauss. De modo que a "morte" da música, abandonada pela energia estruturalista do espírito humano, é, por assim dizer, a afirmação categórica e radical de um pessimismo estético constante e generalizado.

Deixemos à beatice dos adeptos acríticos da arte moderna (tão frequentemente cegos ao deplorável epigonismo que marca a maior parte da produção artística e literária dita de vanguarda neste segundo após-guerra) a preocupação de escandalizar-se ante a excepcional franqueza dos propósitos "antimodernistas" de Lévi-Strauss. Quaisquer que sejam as "nuances" que comporte essa crítica da arte atual (para começar, disso podemos ter certeza, da parte do próprio Lévi-Strauss), ela nos parece, ao menos em seu princípio, inteiramente legítima. Numa situação cultural em que a arte, tratada pela sociedade como "parque nacional" (L-S, 1962, p. 290), ameaçada em sua essência pelo demônio proteiforme do *"kitsch"* esse verdadeiro ethos estético (Broch, 1933/1966) da civilização burguesa (e não se pense que só temos em mente o mundo capitalista) – oscila sem cessar entre o exercício apaixonado de uma tenaz resistência cultural e a tentação de ser relegada entre as evasões sem consequência, ou compensatórias, não saberíamos superestimar o valor crítico do ceticismo quanto à sobrevivência das formas e dos gêneros "institucionais" de arte.

Afinal, no tempo longíquo em que o expressionismo mal iniciava seu refluxo, Wilhelm Worringer já se perguntava se a pintura, se a arte não estava talvez em curso de desaparecimento (Worringer, 1919/1959, p. 80). Para Worringer – que nada tinha de reacionário – a sensibilidade criadora de nosso tempo podia muito bem estar alojada no pensamento, desprezando materializar-se, como outrora, em quadros (Worringer, 1921/1959, p. 94). Nos anos 1960, depois que o figurativismo dessacralizador da melhor *pop art* denunciou, pela simples irrupção, a indecente gratuidade do "abstracionismo lírico", a arte conceitual não desmentiu a profecia do grande crítico expressionista. Este estimava, além do mais, que a sapiente e sutil crítica de arte da época atingia com frequência uma profundidade e uma significação ausentes das obras plásticas contemporâneas (ibid., p. 94 e 95). Não se poderia dizer o mesmo, atualmente, de críticos como Blanchot ou Barthes?

Em vez de vociferar sobre a verdade "factual" da "morte da arte", conviria colocar a problemática implicada por essas teses (como pelas de Hegel em seu tempo) em relação a uma das tendências mais fecundas do estruturalismo – sua vontade de ultrapassar as análises estanques dos domínios culturais (arte, religião, ciência, etc.), de encorajar a pesquisa de afinidades estruturais e funcionais entre esses "campos", sem jamais esquecer que são todos (apesar de suas diferenças substanciais de funcionamento e de ritmo evolutivo) faces de uma mesma realidade de base: o espírito humano. Do último em data dos grandes críticos literários americanos, Northrop Frye (1957), já se disse que ele estabeleceu uma teoria da forma além de toda consideração "elitista" e provinciana da arte (Hartman, 1970, p. 361, 28-29). Frye não rejeita somente os tabus das "literaturas nacionais", reencontrando após Curtius (1948/1956, 1954/1963) o sentido ecumênico da tradição literária; não hesita em aproximar os textos "sagrados" das "belas-letras" dos mitos "primitivos" e de todas as produções mitopoéticas em geral, "nobres" ou "bastardas". Ora, se isso ocorre na crítica literária, qual não será a legitimidade da aproximação universalista nas mãos dessa disciplina da vocação totalizadora que é a antropologia estrutural? A audácia com que Lévi-Strauss nos incita a perseguir as configurações do espírito, e, em particular, os avatares da lógica do sensível e do imaginário, não é, de fato, menos esclarecedora que a análise mitopoética ainda ingênua, mais junguiana que estrutural, de Frye. A odisseia histórica do pensamento selvagem através do mito, da arte e da ciência não é, absolutamente, o produto de uma especulação mais ou menos fantasiosa. No seu princípio como no seu alcance, esse tema pseudo-hegeliano suscita muitas questões bem pertinentes aos olhos do crítico, do historiador e do semiólogo – inclusive algumas questões fundamentais para o entendimento de nossa sociedade, de suas origens e de seu futuro.

Apêndice II

ANÁLISE DOS MITOS E ANÁLISE DAS OBRAS DE ARTE

A análise dos mitos, que domina a produção mais recente de Lévi-Strauss, levanta a questão de suas relações com a' análise das obras de arte de dois pontos de vista: do de sua própria maneira de operar, enquanto estratégia hermenêutica particular; e do das reflexões inspiradas a seu autor por esta mesma estratégia, na medida em que ela esclarece semelhanças e diferenças entre a interpretação do mito e a da obra de arte.

A análise estrutural do domínio mítico dirige-se a *um* dos dois planos – expressão e conteúdo (Hjelmslev, 1943, p. 59) – cuja relação (que não se deve tomar por uma correspondência biunívoca entre suas respectivas unidades) distingue precisamente a linguagem dos outros sistemas simbólicos: ela se dirige ao plano de conteúdo. Sem sair da linguística, sabe-se que, entre as duas guerras, os especialistas concentraram-se sobretudo na análise da expressão; hoje, em compensação, o estudo do conteúdo começa a se desenvolver, sendo a renovação da semântica um dos traços principais da pesquisa contemporânea (Ruwet, 1964, p. 229-310).

Contudo, a interpretação dos mitos não está diretamente implicada na investigação de ordem linguística, *mesmo semântica*, porque o discurso mítico não se esgota no nível da forma da linguagem – mas dele se serve. No mito, os enunciados da linguagem corrente não fazem figura de *terminus ad quem*, mas antes de *terminus a quo*. Temos, portanto, uma analogia inicial com o discurso poético (no sentido largo): na literatura como no mito, a linguagem não passa de matéria-prima. Daí uma modificação capital com relação ao papel dos tipos de organização do discurso. Com efeito, este conhece dois deles: um tipo de organização por *combinação* ou concatenação, segundo um eixo sintagmático, e um tipo de organização operando por *seleção* entre os termos do sistema, segundo um eixo paradigmático, isto é, um eixo composto de agrupamentos associativos no interior dos quais estes termos são *equivalentes*. Eis o que é sobejamente conhecido desde Saussure (1916, p. 170-80).

Ora, é próprio da poesia fazer funcionar o princípio de equivalência sobre os *dois* eixos e não mais somente sobre o eixo "normalmente" paradigmático. Assim, por exemplo, quando, o poeta encadeia as palavras:[1]

> *Au seul souci de voyager*
> *Outre une Inde splendide et trouble*
> *– Ce salut soit le messager*
> *Du temps, cap que ta poupe doublé*

a equivalência não se dá mais somente entre as palavras presentes na quadra e suas associadas paradigmáticas que, de ordinário, dela estão ausentes (por exemplo, para *"voyager"*, enquanto infinitivo, as outras formas verbais do mesmo radical – *"voyage"*, *"voyageais"*, etc. –; enquanto verbo, as outras categorias lexicais – *"voyage"*, *"voyageur"* – enquanto palavra terminando pelo sufixo *er*, outras palavras tais como *"chanter"*, *"messager"*, etc.; enfim, enquanto simples "noção", os significados análogos – ir, partir, etc.); ela se estabelece igualmente *entre as próprias palavras encadeadas*, graças ao fato de que a função poética, do ponto de vista linguístico, é um processo consistem em pôr ênfase sobre a mensagem – *"focus on the message for its own sake"* (Jakobson, 1960, p. 356) ["foco sobre a mensagem por sua própria causa"] – de preferência a pô-la sobre os outros fatores da comunicação verbal: o código, o contexto, o contato, o destinador ou o destinatário. É por isso que o som *s* de *"seul"* não deixa de estar relacionado com sua dupla repetição em *"souci"*, nem o *d* de *"Inde"* indiferente às sílabas finais de *"splendides"*, etc.; e é essa também a razão da "cacofonia" no verso

> *Du temps, cap que ta poupe doublé*

Em sua análise do poema, Robert Greer Cohn (1965, p. 193) achando esta cacofonia *"hard to explain"* ["difícil de explicar"], pensa que ela levou talvez Mallarmé a não incluir esta composição nas edições de suas *Poésies*. Entretanto, a concentração de fonemas consonânticos oclusivos surdos,

---

[1] José Guilherme Merquior se refere ao poema de Stéphane Mallarmé, "Au seul souci de voyager". Na tradução de Augusto de Campos: "À só tenção de ir além / Uma Índia em sombras e sobras / – Seja este brinde que te rende / O tempo, cabo que ao fim das dobras" (...). (N. E.)

não cedendo aos sonoros senão na última palavra do verso, "*doublé*", é muito sugestiva. *Au seul souci...* uma saudação dirigida aos jovens poetas por um artista mais idoso, que os incita a desdenhar os esplendores fáceis em nome das altas exigências da arte – esta disciplina da criação sendo a única garantia da vitória da obra sobre o tempo. Ora, neste contexto, o tempo equivale efetivamente a um cabo perigoso, uma passagem difícil e estreita que a caravela simbólica dos novos poetas deve atravessar como os dois *aa*, cercados de consoantes surdas e de vogais sombrias, desse quarto verso. A aspereza deste, portanto, é expressiva; a prova é que ela desaparece na palavra da rima, de perfeito acordo com seu sentido – pois que a popa (*poupe*) finalmente "dobrou" (*doublé*) os perigos do cabo (*cap*) tempo (*temps*). A cacofonia linguística transforma-se em eufonia poética.

Nós nos concedemos esta digressão com a única finalidade de lembrar por uma ilustração concreta até que detalhes a *projeção* do princípio de equivalência do eixo da seleção sobre o eixo da combinação, sendo a equivalência "*promue au rang de procédé constitutif de la séquence*" (Jakobson, 1960, p. 358) ["promovida à categoria de procedimento constitutivo da sequência"], rege a arquitetura do poema. Uma das particularidades da análise mitológica será aplicar ao discurso mítico a projeção adotada por Jakobson para definir a poesia na perspectiva das funções linguísticas (L-S, 1962b, p. 197) – com esta restrição que, no caso do mito, a projeção se faz sobre o eixo sintagmático (assim como na poesia), *mas sobre o plano do conteúdo*, e não sobre o da expressão.

Frente à poesia, o mito apresenta assim, ao mesmo tempo, uma afinidade substancial – que acrescentaremos a uma outra característica comum, a que ambos colhem no "significante flutuante" (cf. 2ª parte, 1ª seção) – e uma diferença não menos sensível. Para voltar à última, não é difícil reconhecer que, como a projeção do princípio de equivalência se limita, no mito, às unidades do significado, a "textura" de cada mensagem mítica particular não pode ser tão rica como a de um poema, tanto mais que – considerando-se que as unidades do conteúdo *linguístico* não são mais do que a matéria-prima da estrutura mítica – *o mito oferece sempre*, com relação à linguagem natural, *unidades em número reduzido* (Ruwet, 1964, p. 288 n. 32).

Isto explicaria por que a análise mitológica só progrediu quando se atacou antes o aspecto *paradigmático* dos mitemas do que seu aspecto sintagmático. Nicolas Ruwet (ibid., p. 293) distinguiu justamente desta maneira a abordagem de Lévi-Strauss (*"approach"* preferencial paradigmático) da de Vladimir J. Propp (*"approach"* preferencial sintagmático). E o próprio Lévi-Strauss, na nota preliminar da análise de "Les Chats", de Baudelaire (L-S, 1962c, p. 5) disse que *"chaque ouvrage poétique, considéré isolément, contient en lui-même ses variantes"* ["todo trabalho poético, considerado isoladamente, contém nele próprio suas variantes"], ao passo que, para o mito, o sistema das variantes é *"fourni par une pluralité de versions du même mythe"* ["fornecido por uma pluralidade de versões do mesmo mito"].

Portanto, o mito é, semelhantemente à poesia, algo além da linguagem (L-S, 1958, p. 232-33); mas ao passo que a poesia é uma forma da forma-linguagem em seus dois planos, o mito só é uma *forma da forma do conteúdo*. Para a "metalinguagem" *mito é léxico*, é uma espécie de *"natura naturata"* (L-S, 1960b), uma forma que servirá de matéria a uma outra. Isto dito, nada impede a aplicação de certos princípios gerais da análise linguística à dos mitos, levando-se em conta as diferenças do material estudado. Antes de mais nada, para a análise linguística, *"les oppositions (...) ne sont pas soumises à la logique de l'exclusion, mais à celle de la participation, dont d'ailleurs l'exclusion est une variante"* (Hjelmslev, 1961, p. 215) ["as oposições (...) não estão submetidas à lógica da exclusão, mas à da participação, da qual aliás a exclusão é uma variante"]. Por exemplo, em russo, na oposição dos gêneros gramaticais, o feminino é o termo marcado: designa sempre um ser do sexo feminino; enquanto o masculino é um termo não marcado: designa frequentemente, mas não necessariamente, um ser do sexo masculino, e pode mesmo designar um ser feminino. Ruwet (1963a) pensa que nós lidamos também (ou sobretudo) com uma lógica semelhante no caso dos mitos, onde os termos opostos são o mais frequentemente um termo simples e um termo complexo, um termo unívoco e um termo equívoco.

O mesmo linguista observa que, se a marcha da análise estrutural dos mitos não pode ser tão rápida como em linguística, é por que as relações pertinentes se referem a unidades de grandes dimensões (as peças de *corpus* mítico), enquanto que o essencial para a linguística já está dado ao nível da frase (ibid.). Contudo, reconhece também, além dos elementos comuns à língua e ao mito (lógica de participação) e das diferenças de grau (sede maior ou menor da manifestação das relações pertinentes), uma diferença de natureza: é que *"le langage exclut la polyphonie"* ["a linguagem exclui a polifonia"]. Segundo o exemplo de Ruwet, um morfema *"peut bien exprimer à la fois le nominatif, le masculin, le singulier, la degré positif – il ne présente chaque fois qu'un seul terms d'une dimension déterminée (cas, genre, nombre, degré de comparaison)"* ["pode exprimir ao mesmo tempo o nominativo, o masculino, o singular, o grau positivo – mas não apresenta, de cada vez, mais do que um só termo de uma dimensão determinada (caso, gênero, número, grau de comparação)"]. Ora, no mito (L-S, 1964, p. 22) como na música (e na poesia, acrescentemos) nada disso ocorre: a análise deve destacar precisamente a simultaneidade das relações em jogo, a polifonia é regra; a análise torna-se inevitavelmente contrapontística.

De qualquer modo, o estudo estrutural dos mitos não poderia ser uma imitação servil da análise da linguagem. Nem o presente esforço de Lévi-Strauss, de que saíram as *Mythologiques*, nem os precedentes de transposição metodológica dados em sua obra, notadamente no domínio da interpretação dos sistemas de parentesco, parecem reforçar os riscos de uma *"fidélité trop littérale à la méthode du linguiste"* (L-S, 1958, p. 43) ["fidelidade demasiado literal ao método do linguista"].

Por outro lado, a receptividade crescente dos estudos literários com relação à análise estrutural (anunciando a retomada e o desenvolvimento generalizados das pesquisas dos pioneiros "formalistas" no primeiro após-guerra) se acompanha frequentemente da conservação da consciência da especificidade do poético e da impossibilidade de dissolvê-la numa análise puramente linguística – esta persistência do sentido do poético e de sua irredutibilidade não se apresentando, aliás, entre os melhores espíritos, como um obstáculo à implantação da abordagem linguística, mas quando muito a seu uso abusivo (e ingênuo).

A muito instrutiva conferência interdisciplinar sobre o estilo, ocorrida em Bloomington, Indiana, em maio de 1960, contribuiu de uma maneira decisiva para esclarecer esta posição crítica. As chances de tratar o fenômeno literário como um simples apêndice da linguística dela saíram gravemente comprometidas.

A tendência para considerar os enunciados literários em termos de *"noncasual utterances"* ["enunciados não casuais"] como se a oposição literário/não literário recobrisse a oposição *"noncasual"/"casual utterances"* ["enunciados não casuais/enunciados casuais"] foi rejeitada por Charles F. Voegelin (1960, p. 64). Esta tendência, aliás, não é mais do que uma versão "quantitativa" da tese segundo a qual o poético constitui um "desvio" com relação à linguagem normal. Já a "Stilkritik" de Spitzer, apoiando-se sobre o velho postulado da filosofia humanista – *"oratio vultus animi"* – condescendeu durante muito tempo em identificar a *Erlebnis* artística e um afastamento do estado psíquico normal, ao qual corresponderia, no plano linguístico, um afastamento do uso corrente.

Sol Saporta (1960, p. 82-93) falou em Indiana da mensagem literária como de um conjunto de desvios frente à norma linguística, agindo seja por eliminação, seja pela adição de restrições, na perspectiva da ideia chomskyana dos "graus de gramaticalidade". Entretanto, esta concepção está longe de ter sido admitida sem reservas. Edward Stankiewicz observou que *"poetic language takes full cognizance of the rules of the linguistic system"* (1960, p. 70) ["a linguagem poética toma pleno conhecimento das regras do sistema linguístico"], se comporta "desvios", estes são largamente condicionados pela linguagem e/ou pela tradição literária. O "jogo com a linguagem" da literatura é *based on the poet's intuitive knowledge of the abstracts patterns of the language and of the rules of permissible sequences. It could hardly move in the direction of introducing new phonemes or of creating new distributional patterns (...). Attempts to depart drastically from the given linguistic system (...) remained only a curious episode in the history of literature.* (ibid., p. 76-77)

[baseado sobre o conhecimento intuitivo do poeta dos padrões abstratos da linguagem e das regras de sequências permissíveis. Dificilmente poderia mover-se no sentido de introduzir novos fonemas ou de criar novos padrões de distribuição (...). As tentativas para abandonar drasticamente o sistema linguístico dado (...) permanecem apenas como um curioso episódio na história da literatura.]

Além disso, conforme notou Charles F. Voegelin, a noção sapiriana da resistência da linguagem à mudança, contrastando com a extrema mutabilidade da cultura, deve ser nuançada (1960, p. 67). Enfim, René Wellek (1960, p. 101) advertiu contra o hábito de estabelecer uma equivalência entre o poético e a "novidade" (inclusive a da linguagem) – afinal, segundo este critério, deveríamos considerar Marlowe um autor mais importante que Shakespeare – ao mesmo tempo que defendia a necessidade de acrescentar às características linguísticas e estilísticas do texto literário seu aspecto fundamental (mas cujo estudo é forçosamente extralinguístico) de "ficcionalidade" (ibid., p. 98).

O resultado geral dos debates de Indiana poderia ser resumido numa fórmula: reconhecimento sensível, explícito ou implícito, da parte dos linguistas ou dos sábios familiarizados com a linguística, da *autonomia do fenômeno literário*. Este reconhecimento é, por sua vez, o melhor presságio possível para a maturidade e para a consolidação da abordagem linguística da literatura. Tanto mais que alguns trabalhos recentes permitem considerar a passagem decisiva do nível do programa ao nível da constituição do método na análise da linguagem poética. Tal é, sobretudo, o caso de *Linguistic Structures in Poetry*, de Samuel R. Levin (1962), onde a noção de *"coupling"* procura conferir um *status* metodológico e operacional à projeção do princípio de equivalência sobre o eixo sintagmático, descrito por Jakobson. Ruwet (1963b) propôs um aperfeiçoamento da noção de *"coupling"*, associando-o ao conceito hjelmsleviano de *"forme du contenu"*.

Se este caminho – uma poética não subordinada, mas aliada, à análise linguística – chegar a ser cada vez mais seguido, então o estudo da literatura poderá assegurar-se o mesmo grau de rigor de outros setores explorados pela análise estrutural. Mas este progresso impõe o abandono do impressionismo em crítica, cujo predomínio permitiu a Lévi-Strauss estabelecer uma nítida distinção entre o método estrutural em linguística e em antropologia e o uso que deles fazem *"certains critiques et historiens de la littérature"* ["alguns críticos e historiadores da literatura"].

A distinção foi feita por ocasião de sua resposta a um questionário da revista italiana *Paragone* sobre a crítica (L-S, 1965); ela merece ser examinada com mais atenção. Lévi-Strauss começa por afirmar que, em linguística ou em antropologia, o método estrutural *"consiste à repérer des formes invariantes au sein de contenus différents"* ["consiste em descobrir formas invariantes no interior de conteúdos diferentes"],[2] ao passo que *"l'analyse structurale dont se réclament indûment certains critiques et historiens de la littérature consiste, au contraire, à recherches derrière des formes variables des contenus récurrents"* ["a análise estrutural, a que indevidamente recorrem alguns críticos e historiadores da literatura, consiste, ao invés, em procurar sob as formas variáveis os conteúdos recorrentes" (EC, p. 393)]. Ora, o fenômeno de recorrência está ainda *"ouvert à la contingence"* ["aberto à contingência" (ibid., ibid.)], ao passo que a invariância releva da necessidade. Confessamos que esta primeira contraposição nos embaraça um pouco; a oposição formas variantes/formas variáveis nos parece discutível; em todo caso, não se concilia

---

[2] Claude Lévi-Strauss, "Estruturalismo e Crítica". Trad. A. R. R. In: *Estruturalismo: Antologia de Textos Teóricos*. Seleção e introdução de Eduardo Prado Coelho. Lisboa, Portugália Editora, 1968, p. 393. (Daqui para a frente, apenas EC.)

com a concepção dialética das relações forma/conteúdo adotada em *La Structure et la Forme*. Contudo, continuando sua comparação, Lévi-Strauss põe o dedo na ferida: lembra que as hipóteses da linguística e da antropologia são *"vérifiables du dehors"* por *"contrôles objectifs"* ["verificáveis do exterior", "controles objetivos" (ibid., ibid.)], ao passo que *"la critique littéraire à prétentions structuralistes", "visionnaire et incantatoire"* ["a crítica literária com pretensões estruturalistas", "visionárias e encantatória" (EC, p. 394)], ignora isso. Certamente, utiliza *"une combinatoire à l'appui de ses reconstructions, mais, ce faisant, elle offre à l'analyse structurale une matière brute bien plutôt qu'une contribution"* ["um processo combinatório em apoio de suas reconstruções. Mas, nesse caso, oferece à análise estrutural muito mais uma matéria bruta do que um contributo" (ibid., ibid.)]. Prisioneira do subjetivismo, esta crítica é um *"ventriloquisme"* baseado sobre o *"pseudo-dialogue"* ["ventriloquismo", "pseudodiálogo" (ibid., p. 395)] entre a crítica e a obra; a rigor, não se trata senão de *"une manifestation particulière de la mythologie de notre temps"* ["manifestação particular da mitologia do nosso tempo" (ibid., p. 394)].

Contudo, Lévi-Strauss não se limita a fazer o processo da crítica-ventríloqua; entrevê também o caminho de sua regeneração. Esta só pode consistir na adoção dos meios de uma verificação objetiva. E estes controles, é preciso encontrá-los, de um lado, ao nível da análise linguística (ou formal, no caso das artes não verbais); do outro lado, ao nível da investigação etnográfica, *"c'est-à-dire, pour des sociétés telles que les nôtres, au niveau de l'histoire externe"*. Já que a história fornece à análise crítica não somente *"une source d'informations irremplaçables"* mas também *"un champ combinatoire où la vérité des interprétations peut être mise à l'épreuve de mille façons"* ["ou seja para sociedades como a nossa, no nível da história externa" (ibid., p. 393), "uma fonte de informações insubstituíveis", "um campo combinatório em que a verdade das interpretações pode ser posta à prova de mil maneiras"]; *"du fait meme ou'ils sont révolus, les niveaux passés sont mis hors d'atteinte des illusions de la subjectivité et (...) ils peuvent donc servir à contrôler les incertitudes de la perception intuitive"* ["os níveis passados, precisamente por terem sido já transcorridos, são subtraídos às ilusões da subjetividade e podem por isso servir para controlar as incertezas da percepção intuitiva" (EC, p. 396)]. Hostil, conforme sabemos, à hermenêutica intuicionista, schleiermacheriana e diltheyana (defendida ainda hoje por fenomenólogos como Paul Ricoeur), e situando-se portanto bem ao largo de toda metafísica da subjetividade "criadora", nem por isso Lévi-Strauss pensa em banir a pesquisa histórica. Bem pelo contrário: segundo ele, *"loin que l'introduction des méthodes structuralistes dans une tradition critique procédant essentiellement de l'historicisme"* (na expressão do questionário de *Paragone*) coloque um problema, *"c'est l'existence de cette tradition historiciste qui peut seule fournir une base aux entreprises structurales"* ["Não somente os métodos estruturalistas podem ser canalizados numa tradição predominantemente historicista", "é a existência dessa tradição historicista que pode fornecer uma base às operações estruturais"].

A crítica não conseguirá ser rigorosa voltando as costas à história. Mas será antes no retorno constante da análise linguística à história e vice-versa, num *"movimento instancabile dal testo alla storia e dalla storia al testo"* ["movimento inestancável do texto à história e da história ao texto"] – para empregar uma frase de Ezio Raimondi (1967, p. 20) – que ela alcançará o mínimo possível de elementos impressionistas, o escalão mais próximo desta objetividade perfeita que, como para todo saber humano, lhe é sempre recusado. Notemos apenas que o método de *"cross-information"* entre o texto e a história passa necessariamente pelo *"relais"* do exame do conjunto da obra de cada autor. Esta é uma exigência metodológica quase unanimemente reconhecida (cf. Ruwet, 1968; Bourdieu, 1966, p. 905) e a qual Lévi--Strauss explicitamente subscreveu (L-S, 1961, p. 149).

Quando Lévi-Strauss fala do recurso ao nível da história como base da interpretação estrutural da obra, faz o elogio dos trabalhos de Erwin Panofsky, de quem louva a orientação *"pleinement et totalement structuraliste"*

(L-S, 1965) ["plena e totalmente estruturalistas" (EC, p. 395)]. Vê, portanto, na iconologia a realização das tarefas analíticas que cabem à crítica tornada capaz de superar o *"ventriloquisme"* desprovido de controles objetivos. Já na interpretação da pintura facial dos Caduveu, Lévi-Strauss assinalara a necessidade de ultrapassar o plano da descrição formal para chegar a apreender o sentido do produto artístico (L-S, 1955, p. 116; cf. também L-S, 1958, p. 181).

A referência à iconologia não é apenas episódica. Efetivamente, nenhum outro método representa melhor que o de Panofsky a síntese entre o olhar estrutural e a pesquisa sobre *"le champ combinatoire"* ["o campo combinatório"] da história. Segundo Panofsky (1955, intr.), para as humanidades, *"faire revivre le passé n'est pas un idéal romantique, mais une exigence de méthode"* ["fazer reviver o passado não é um ideal romântico, mas uma exigência do método"]. Unindo a erudição da "Kunstwissenschaft" de Aby Warburg e sua escola à "filosofia das formas simbólicas" de Ernst Cassirer, segundo a qual as obras de arte apresentam uma lógica diferente, mas não menos articulada, que as manifestações do conhecimento científico, Panofsky estabeleceu um sistema de análise em que o sentido da obra de arte é disposto em vários níveis de complexidade crescente. O quadro sinótico da página 31 da tradução francesa dos *Studies in Iconology* (Panofsky, 1939) descreve a hierarquia dos ângulos de interpretação. No primeiro nível, a análise é descrição *formal* das propriedades sensíveis da obra; podemos incluir aí os conceitos das diversas categorias de figuração do espaço no sentido dos teóricos da "pura visibilidade" (Fiedler, Hildebrand, ou seus primeiros continuadores modernos, como Riegl e Wölfflin). No segundo nível, já encontramos a camada das significações, cuja decifração se faz através de um saber literário; a análise, tornada *iconográfica*, identifica neste momento *"les thèmes ou concepts qui se manifestent dans des images, des histoires ou des allégories"* ["os temas ou conceitos que se manifestam nas imagens, histórias ou alegorias"]. Mas como bem o exprimiu Pierre Bourdieu (1967, p. 140) – o significado iconográfico torna-se por sua vez o significante do que Panofsky, segundo Pierre, chama o *conteúdo* (*"ce que l'oeuvre laisse transparaitre sans montrer"* ["o que a obra deixa transparecer sem mostrar"]. A determinação do conteúdo da obra (onde o conceito de símbolo, de Cassirer, se funde com o de sintoma, de Carnap) pertence ao terceiro nível da análise: o nível *iconológico*, que cobre a hierarquia dos escalões interpretativos. A interpretação iconológica considera os significados iconográficos como expressões da cultura historicamente dados, remetendo *"le sens intrinsèque de l'oeuvre au plus grand nombre possible de documents de civilisation historiquement reliés à cette oeuvre ou à ce groupe d'oeuvre"* ["o sentido intrínseco da obra ao maior número possível de documentos de civilização historicamente ligados a essa obra ou a esse grupo de obras"].

O conjunto da estratégia iconológica é ilustrado pelo próprio Panofsky (1939, p. 20) com o exemplo da representação da Madona na Natividade:

> *Aux XVI et XV siècles (...), le type traditionnel de la Nativité avec la Vierge Marie étendue sur un lit est souvent remplacé par un nouveau type présentant la Vierge à genoux, en adoration devant l'enfant. Du point de vue de la composition, ce changement se traduit par la substitution d'un schème triangulaire à un schème rectangulaire; au point de vue iconographique, il traduit l'introduction d'un nouveau thème, formulé dans les écrits d'auteurs tels que le Pseudo-Bonaventure et Sainte Brigitte. Mais en même temps, il revèle un nouveau type de sensibilité propre aux phases ultimes du Moyen Age*
>
> [Nos séculos XIV e XV (...), o tipo tradicional da Natividade com a "Virgem Maria reclinada num leito é frequentemente substituído por um novo tipo que apresenta a Virgem de joelhos, em adoração diante da criança. Do ponto de vista da composição, essa mudança se traduz pela substituição de um esquema triangular por um esquema retangular; do ponto de vista iconográfico traduz a introdução de um novo tema, formulado nos escritos de autores como o Pseudo-Boaventura e Santa Brígida. Mas ao mesmo tempo revela um novo tipo de sensibilidade próprio das últimas fases da Idade Média.]

Relacionando a nova figuração da Virgem ao conjunto dos aspectos da cultura do declínio da Idade Média, ou então a arquitetura gótica ao pensamento escolástico (Panofsky, 1951); explicando "pseudomorfoses" tais como a transformação dos temas plásticos como Eros ou Saturno (Panofsky, 1939, p. 151ss, p. 105s.); "traduzindo" o sentido artístico do "Nascimento de Vênus" e da "Primavera", ou o dos túmulos dos Médicis em San Lorenzo, pela impregnação neoplatônica da obra de Botticelli ou de Michelangelo (Panofsky, 1960, p. 191-200; 1939, p. 255s.); mostrando como Poussin interiorizou as tensões do moralismo barroco no conteúdo elegíaco do "*Et in Arcadia Ego*" do Louvre (Panofsky, 1955), ou como os ciclos de quadros de Piero di Cosimo sobre as origens da história humana emergem de uma retomada do materialismo antigo tornada possível pelo desabrochamento da Renascença (Panofsky, 1939, p. 53s.);[3] apreendendo a significação cultural da perspectiva da Renascença contra o fundo das concepções espaciais do período helenístico e da Idade Média (Panofsky, 1927), Panofsky está sempre realizando uma espécie de iluminação dos laços estruturais profundos entre uma obra ou um estilo e as tendências histórico-culturais, sem cair nunca numa ótica reducionista. Neste sentido, o processo de "descompartimentalização", que ele considera como característico da Renascença,[4] é também consubstancial

---

[3] O primeiro ciclo, executado nos anos 1480, retrata a transição da "*aera ante Vulcanum*" à "*aera sub Vulcano*" (o deus trazendo aos homens o emprego do fogo e dos instrumentos de metal); ao segundo ciclo (cerca de 1490), ilustrando a "*aera sub Baccho*" (o deus doador de vinho e mel) pertence "A Descoberta do Mel" do Worcester Art Museum, Massachussetts, que bem mostra como o primitivismo da Renascença e de suas fontes clássicas (Ovídio, *Fastos*, III, 737-44) pode, às vezes, se aproximar da mitologia ameríndia analisada em *Du Miel aux Cendres*.

[4] A "descompartimentalização" da Renascença se opõe ao "princípio de disjunção" que dominara a arte medieval ("*Wherever in the high and later Middle Ages a work of art borrows its form from a classical model, this form is almost invariably invested with a nonclassical, normally Christian significance; wherever in the high and later Middle Ages a work of art borrows its theme from classical poetry, legend, history or mythology, this theme is quite invariably presented in a nonclassical,*

ao próprio método iconológico. Através de uma série de confrontações hipoteticamente ilimitadas, a análise da obra de arte ganha em rigor, ao liberar significações ocultas, "afinidades eletivas" sem cessar enriquecidas.

A iconologia não se limita a preencher as condições exigidas por Lévi-Strauss para que a crítica de arte se torne rigorosa; apresenta também uma coincidência notável, em seus pressupostos metodológicos, com as bases do método estrutural em ciências humanas. Ressaltemos de passagem algumas dessas coincidências: a) a crítica lévi-straussiana da epistemologia do vivido (juntando-se aqui à de Max Weber), a recusa de admitir o valor científico da compreensão empática desmunida de controles objetivos, corresponde por mais de um título às teses de Panofsky em *Der Begriff des Kunstwollens* (1920), onde a insistência sobre a necessidade da *"fonction rectificatrice"* ["função ratificadora"] do documento na construção da exegese da obra de arte, ao mesmo tempo em que lembra que os controles documentários não são senão uma *"prémisse de la reconnaissance de la valeur artistique"* ["premissa do reconhecimento do valor artístico"], evoca de maneira surpreendente a acusação dirigida por Lévi-Strauss ao ventriloquismo da crítica (o ensaio de Panofsky é, aliás, um ataque contra a teoria de "Einfühlung" ["Empatia"], da qual denuncia ao mesmo

---

normally contemporary form" (Panofsky, 1960, p. 84) ["Sempre que na alta e baixa Idade Média uma obra de arte empresta sua *forma* de um modelo clássico, essa forma é quase invariavelmente investida com um significado não clássico, normalmente cristão: sempre que na alta e baixa Idade Média uma obra de arte empresta seu *tema* de poesia clássica, lenda, história ou mitologia, este tema é quase invariavelmente apresentado numa forma não clássica, normalmente contemporânea"]. Assim, o Hércules clássico torna-se o modelo da cristianíssima Fortitudo no púlpito do batistério de Pisa, devida a Nicolau Pisano; enquanto os heróis gregos e troianos da narrativa medieval *Troilus e Cressida* (assim como versões de Boccaccio e de Chaucer e da peça de Shakespeare) se vestem e se comportam no estilo da Idade Média ou do século XVI. A arte da Renascença não somente aboliu essa prática *"but also broke the monopoly of architecture and sculpture with regard to classicizing stylization"* (ibid., p. 100) ["mas também partiu o monopólio da arquitetura e escultura com referência à estilização classicizante"].

tempo o subjetivismo e o normativismo dogmático); b) evidentemente, a distinção capital iconografia/iconologia recobre a diferença entre etnografia e etnologia (L-S, 1958, p. 4-5)[5] fora da qual a antropologia estrutural é impensável. Como esta, a iconologia quer ultrapassar o plano da evidência para a determinação dos níveis mais profundos do sentido; c) enfim, em todo o processo interpretativo da iconologia, a obra é considerada como um conjunto de significantes. A iconologia – herdeira legítima da filosofia clássica – se coloca decididamente ao lado da análise estrutural, antes do que da metafísica do significado dos "humanistas" contemporâneos, que rejeitam o estruturalismo em nome de uma "historicidade" espectral e mítica, legitimamente ameaçada pela pesquisa estrutural no seio das humanidades.

A dupla estratégia analítica designada por Lévi-Strauss à crítica – interpretação ao mesmo tempo estrutural e histórica – não difere em nada, quanto ao essencial, do método ideal de análise dos mitos empregado pela antropologia. Os conceitos metodológicos subjacentes a *La Geste d'Asdiwal* (L-S, 1960c; v. principalmente as seções VI e VII, ou a *Four Winnebago Myths* (L-S, 1960d), sem falar do desenvolvimento da análise na série *Mythologiques*, bastam para convencer que a determinação da estrutura do discurso mítico nunca repudiou a informação etnográfica (que desempenha aqui o papel dos documentos históricos nas sociedades "quentes") mas somente o uso abusivo e deformante que consiste em negligenciar a organização interna de pensamento mítico e a tratá-lo como simples aglomeração atomista de "reflexos" da vida social.

A presunção de uma incompatibilidade qualquer entre análise estrutural e pesquisa histórica não tem portanto nenhum fundamento, o que não impede que os dois planos de estudo mantenham uma certa autonomia em suas "*démarches*" – pronta a desaparecer quando da síntese final dos dados obtidos de ambas as perspectivas. Eis o que não deve ser esquecido, não somente na apreciação

---

[5] Essa analogia foi observada por Bourdieu (1967, p. 139).

dos trabalhos de Lévi-Strauss sobre os mitos ameríndios, mas, igualmente, no caso de sua incursão no domínio literário: a análise a quatro mãos de "Les Chats" (Jakobson e L-S, 1962).

Não se deixou de condenar "o empobrecimento do sentido" imposto pelo texto de Jakobson e Lévi-Strauss ao poema de Baudelaire. Entretanto, é evidente que essas críticas atribuem a esse estudo uma ambição que não é a sua: a de *tudo* desvendar na poesia em questão, para não dizer na obra total de seu autor. Não se trata, na verdade, senão de uma microscopia inédita, um enquadramento – com o mérito inestimável de se poder o tempo todo "controlar" relacionando-as aos versos – das "divisões do texto", tanto do ponto de vista gramatical como do ponto de vista semântico. Ora, nada impede a integração dos resultados de uma tal leitura com as conclusões das abordagens mais "miméticas" do lirismo baudelairiano.

Poderíamos, aliás, considerar esta integração da maneira mais concreta levando em conta uma segunda aplicação do método seguido na análise de "Les Chats" – a microscopia do último "Spleen" das *Fleurs du Mal* (Jakobson, 1967, p. 12s.). Com efeito, parece inteiramente possível (e bastante atraente) coordenar as observações de Jakobson sobre as divisões das cinco quadras de "*Quand le ciel bas et lourd...*" com, pelo menos, três outras grandes leituras do poema: a de Spitzer (1959, p. 286s.), interpretando a psicomaquia do *Spleen* ao mesmo tempo em termos de uma evocação de uma luta moral e em termos de uma descrição alegórica da enxaqueca; a de Erich Auerbach (1951, p. 201s.), interpretando esses versos como um dos altos lugares da *"Stilmischung"* característica de Baudelaire, a qual é construída sobre a contradição entre o tom elevado do poema e a indignidade do tema e de vários de seus detalhes; enfim, a de Benjamin (1939, p. 237s.), associando o poema em particular (pelo aspecto do tipo de consciência do tempo que ele figura), e o lirismo de Baudelaire em geral, ao fenômeno do "declínio da aura: ao aspecto traumatizante e inautêntico dos modos de vida ligados à consolidação da sociedade urbana sobrevinda há cem anos.

Se o estruturalismo exige da crítica a síntese da interpretação estrutural e da pesquisa histórica, se concebe os dois elementos como meio de controle recíprocos, é porque ele próprio se faz esta exigência. A análise estrutural não vem negar a historicidade das formas da cultura; ao contrário, por sua recusa de esquecer a especificidade de cada uma dessas formas, por sua maneira resoluta de rejeitar a *"reductive fallacy"* ["falácia da redução"] e de repudiar (na linguagem das "Teses" do Círculo de Praga de 1929), a mística das relações de causalidade entre sistemas heterogêneos, a pesquisa estrutural consegue tornar verdadeiramente *inteligível* a história dessas formas culturais.

Entretanto, ao mesmo tempo, ela legitima a história. Pelo próprio fato de não separar mais a combinatória das formas culturais, o campo de suas transformações, de seu passado historicamente registrado, o olhar estrutural renuncia ao modelo de uma lógica puramente dedutiva. Os sistemas que ele decifra são neste sentido *abertos* por sua própria natureza; são séries onde novas estruturas virão se inscrever segundo uma espécie de *"nécessité a posteriori"* (L-S, 1962b, p. 48) ["necessidade *a posteriori*"] que exclui sua previsibilidade. Assim, se é verdade que *"la signification est tout entière dans la relation dynamique qui fonde simultanément plusiers mythes ou parties d'un même mythe"* (L-S, 1964, p. 313) ["a significação está inteiramente na relação dinâmica que funda simultaneamente vários mitos ou partes de um mesmo mito"], *esta relação dinâmica mesma não é nunca fixável numa fórmula generativa.*

Comparada à cultura, a língua é um conjunto de tal modo estável que é idealmente possível determinar-lhe o funcionamento. Chomsky o admite de bom grado quando supõe que é razoável *"to regard the grammar of a language L ideally as a mechanism that provides an enumeration of the sentences of L in something like the way a deductive theory gives an enumeration of a set theorema"* (Chomsky, 1959, p. 57) ["considerar a gramática de uma linguagem L idealmente como um mecanismo que proporciona uma enumeração das sentenças de L assim como uma teoria dedutiva fornece uma enumeração de um conjunto de teoremas"]. Em compensação, parece que as metalinguagens tais como o mito ou a literatura não apresentam este aspecto. Submetidas ao ritmo de variação muito mais rápido das formas culturais, parece que sua semanticidade se prende a uma consciência coletiva menor ou, em todo caso, mais precária do que aquela em que se funda a linguagem. Definindo a *conotação* (segundo Martinet) como os elementos do sentido que não pertencem a toda comunidade, poderíamos talvez afirmar que estas metalinguagens também se relacionam com a conotação: que sua significação varie conforme os grupos de idade ou que ela muda segundo as classes sociais, não conhece nunca a unanimidade constante de interpretação de que gozam as formas linguísticas em seus níveis profundos.

Igualmente, o estabelecimento de uma gramática generativa parece refutado de saída – pela própria natureza das coisas – à investigação científica sobre semelhantes sistemas. Esta deverá se contentar com um rigor não dedutivo, que não pode ser senão de ordem taxinômica. Um linguista como Sol Saporta, cuja definição do fenômeno poético, tal como nós o vimos, se apoia sobre as teorias de Chomsky, manifesta de maneira inteiramente explícita a consciência desta distinção: *"A linguistic description is adequate to the extent that it predicts grammatical sentences beyond those in the corpus on which the description is based (...) stylistic analysis is apparently primarily classificatory rather than predictive in this sense. The validity of a stylistic analysis of poetry does not depend on the ability to produce new poems"* (Saporta, 1960, p. 86) ["Uma descrição linguística é adequada na medida em que prediz sentenças gramaticais além daquelas sobre o *corpus* das quais a descrição é baseada (...) a análise estilística é aparentemente, em primeiro lugar, mais classificatória do que calculatória nesse sentido. A validade da análise estilística de poesia não depende da habilidade para produzir novos poemas"]. O resultado de uma análise linguística é uma gramática generativa, ao passo que *"the aim of a stylistic analysis would seem to be a typology of the features shared by a particular class of messages as well as the features by which they may be further separated into subclasses*" (ibid., ibid.) ["a finalidade de uma análise estilística pareceria ser uma tipologia dos traços distribuídos por uma classe particular de mensagens assim como os traços pelos quais elas podem ser, além disso, separadas em subclasses"] – num processo cujo fim ideal seria a definição de cada mensagem (isto é, de cada poema) em termos de um certo conjunto de características.

Sem dúvida, a ideia de uma combinatória aberta, ou de uma necessidade *a posteriori*, dificulta bastante o espírito redutor, o espírito cartesiano que domina ainda nossa ideia do saber e nossa imagem do rigor. Contudo, o desenvolvimento das ciências do homem – dos *"studia humaniora"* em busca de uma disciplina verdadeiramente científica – pleiteia pelo reconhecimento de uma concepção mais diversificada da realidade, cedendo lugar a camadas regidas por um outro gênero de lógica. Estas não passam talvez de algumas dessas *"lunes mortes, ou pâles, ou obscures"* ["luas mortas, ou pálidas, ou obscuras"], de que Marcel Mauss entrevia a existência no firmamento ainda tão pouco conhecido da razão humana. Seja como for, muitas indicações sugerem que os mitos, assim como as obras de arte, pertencem a um sistema onde *"les différences se ressemblent"* (L-S, 1962a, p. 111) ["as diferenças se assemelham"], portanto, de uma lógica onde o mesmo não se confunde com o idêntico. É a sombra *desta* lógica que persegue as páginas do *Parmênides* do velho Platão.

Stockhausen disse em algum lugar, das *33 Variações sobre uma Valsa de Diabelli*, que, em lugar de apresentar o mesmo objeto sob luzes diferentes, elas apresentam trinta e três *objetos* diferentes, na mesma luz que os atravessa. A análise lévi-straussiana dos mitos, tão penetrada do espírito da música, deve saber algo a respeito... Porque, se o Mesmo pode ser reconhecido na Diferença, então o rigor da pesquisa pode às vezes dispensar a redução ao *a priori*.

Posfácios à 2ª Edição

Escada para o céu:
José Guilherme Merquior hoje

Christopher Domínguez Michael

A primeira boa notícia que recebo neste ano de 2013 vem do Brasil: finalmente serão reeditados os vinte e tantos volumes que compõem a obra completa de José Guilherme Merquior, um dos grandes liberais ibero-americanos do século XX, um crítico literário agudo, um sagaz adversário do pós-estruturalismo e de toda a sua verborragia teórica. Merquior foi um polímata, que escrevia com igual fluência em português, francês e inglês; discípulo de Claude Lévi-Strauss, de Ernest Gellner e de Raymond Aron. Sua morte prematura, vítima de um câncer de estômago fulminante, é daquelas que, depois de mais de vinte anos, ainda alimenta as fantasias do que teria sido o nosso mundo das ideias se não se tivesse apagado, prematuramente, a mente de Merquior.

Conheci Merquior no fim dos anos 80, quando ele foi embaixador do Brasil no México. Falei com ele algumas vezes, pois era secretário dos comitês editoriais do Fundo de Cultura Econômica, que em 1988 e 1989 estava publicando duas de suas obras-primas: *Michel Foucault, ou o Niilismo de Cátedra* e *De Praga a Paris: Uma Crítica do Pensamento Estruturalista e Pós-Estruturalista*. Nessas conversas breves, eu não tinha tempo, idade, nem preparo para dizer-lhe algo interessante, mas, em troca do cumprimento dos meus encargos, recebi dele dois ou três conselhos de higiene intelectual que procurei observar. Era, por educação e por natureza, um homem de trato refinado e foi muito gentil comigo, sabendo que eu era um colaborador, pois eu acabava de ser "iniciado", como gostava de dizer a Octavio Paz, no círculo da revista *Vuelta*, mundo e espelho que para Merquior, nunca curado do assombro, também não deixava de deslumbrá-lo. A revista retribuiu a admiração, publicando, poucos dias antes da queda do Muro de Berlim, *O Marxismo Ocidental*, que foi, para todos nós, um sutil epitáfio para esse ano axial, como diria o poeta. Envelheceu com vigor um livro que, como comprovo no meu exemplar, em 30 de outubro de 1989, saiu da gráfica para encenar uma penúltima conversa do crítico brasileiro com os fantasmas de Lukács e de Adorno, que tanto o afligiam.

Perguntando-me como eu mesmo me converti em liberal, com olhar retrospectivo, dou grande importância à influência de Merquior, aos seus livros, mas também à pessoa que entrevi fugazmente, uma das mais rigorosas e sedutoras com que esbarrei. Simples emulação, a tarefa que assumi, porém, tarefa de difícil realização: se Merquior, que vinha da heterodoxia marxista, podia ser um liberal latino-americano, nós, que o admirávamos, podíamos ao menos tentar emulá-lo.

Merquior, como pode apreciá-lo aquele que lê *O Liberalismo, Antigo e Moderno,* seu livro póstumo, foi um liberal clássico mais do que um neoliberal. Assim o observaram, aliviados e imprecisos, os seus adversários da esquerda brasileira, dos quais alguns o honraram como seu interlocutor mais frequente, como acontecera antes com Camus e Aron na França, e com Paz no México. De fato, o que fascinava esse crítico dos intelectuais modernos, que odeiam a modernidade, era o século XIX e "o momento 1830", quando o liberalismo tenta se vacinar, com certo êxito, contra os excessos democráticos. Também prefiro o rebelde 1830 ao revolucionário 1848, como Merquior e Rafael Rojas, que, embora seja um pouco mais jovem do que eu, foi meu mestre na questão dos liberalismos. Ainda que o estruturalismo o tenha feito passar por um adversário da cultura francesa, Merquior admirava principalmente Constant, Guizot, Tocqueville. Contudo, Merquior distou muito de ser um liberal conservador e em *O Liberalismo, Antigo e Moderno* aproxima-se bastante de Bobbio e de outros "liberais com preocupação social", convencido de que era necessário disputar a alma do socialismo aos marxistas. Finalmente, Merquior acreditou na necessidade de um bonapartismo econômico: o Estado deve seguir salvando o capitalismo dos capitalistas.

"Da crítica literária à teoria política": eis o sentido do itinerário de Merquior. Por isso, para mim, o centro de gravidade de sua obra esteve no exame dos velhos e novos estruturalismos literários, daquilo que ele denominava, não sem certo desprezo popperiano, "a literofilosofia". Lendo Merquior convenci-me de algo antes entrevisto: o temperamento liberal seria indispensável para que continuasse a me desenvolver como crítico literário. De certa maneira, os inimigos culturais do liberalismo também eram aqueles que, ao defender a solidão do texto, condenavam a literatura a um inferno regido por sociólogos e gramatólogos. *De uma maneira muito perversa, inevitável, os estruturalistas também eram os inimigos da sociedade aberta. Inimigos ao mesmo tempo fascinantes e esquivos. Eu me formara defeituosamente em Foucault – e digo defeituosamente porque não frequentei muito a universidade.* A defesa da razão e do sentido, tal como foi feita por Merquior, não era a reação do burguês ou do "velho crítico" que, assustado pela magia negra de Heidegger, pela Escola de Frankfurt ou por Foucault, recorria ao conforto sentimental do antigo humanismo. No fundo, era a conclusão polêmica de um leitor escrupuloso (às vezes, devo dizer, confuso na sua obsessão professoral de fechar as portas para o inimigo) que antes de se desencantar tinha se deixado encantar.

Durante toda a sua vida, ele próprio militou na crítica literária nos jornais; leitor implacável dos clássicos e modernos. Uma página dele sobre Joyce, Goethe ou Zweig sempre diz algo novo, e suas páginas sobre o Brasil são a matriz e o epílogo de uma breve história da literatura brasileira (*De Anchieta a Euclides*) que alcança a maestria num gênero difícil: é substancial e sintética. Espero que a reedição de sua obra completa pela Editora É Realizações, no Brasil, enseje o nascimento ou renascimento de alguns dos seus títulos em espanhol: os seus estudos sobre Carlos Drummond de Andrade ou Benjamin, Marcuse e Adorno ou Lévi-Strauss. Duvido, sinceramente, que se possa fazer essa história do presente, que ele próprio admirava e rejeitava no ofício e em benefício de Foucault, sem reler o clássico e também atualíssimo José Guilherme Merquior.

A ARTE COMO FORMA DE CONHECIMENTO: UMA LEITURA DE *A ESTÉTICA DE LÉVI-STRAUSS*

Eduardo Cesar Maia[1]

O intelectual verdadeiramente independente e autônomo – como bem alertou Alfonso Reyes – quase sempre angaria impopularidade, sobretudo entre seus coetâneos. De fato, a recusa, por parte de um pensador, a filiações dogmáticas, seja a uma escola, doutrina ou abordagem teórica, acaba, invariavelmente, fazendo com que ele receba ataques não somente por um, mas por todos os lados, já que não conta com "proteção" corporativa de qualquer grupo. A trajetória intelectual de José Guilherme Merquior – parece-me – pode ser encaixada nessa caracterização. Poucos pensadores brasileiros souberam compreender e cotejar, com tanta argúcia e independência de juízo, as principais correntes teóricas – e muitas houve – desenvolvidas no século XX no campo das ciências humanas, em geral, e no da teoria da literatura, em particular. Esse período – a "Era da Teoria", como a denomina Terry Eagleton – caracterizou-se justamente pela profusão de tendências no campo das ciências humanas e pela reformulação radical da orientação filosófica e do vocabulário empregado nesse mesmo âmbito. Merquior soube guiar seu pensamento em franco diálogo com as diversas correntes teóricas de seu tempo, mas sem submeter sua perspectiva crítica a qualquer forma de dogmatismo metodológico ou ideológico – como era bastante comum num período de debates tão intensos.

Um exemplo dessa postura está em *A Estética de Lévi--Strauss* (1975), obra que nasceu a partir de uma exposição oral realizada pelo então bastante jovem Merquior,

---

[1] Doutor em Teoria Literária pela Universidade Federal de Pernambuco e mestre em Filosofia pela Universidad de Salamanca. Professor de Jornalismo na Universidade Federal de Campina Grande.

em janeiro de 1969, num seminário dirigido pelo próprio Claude Lévi-Strauss em Paris. Tratar-se-ia – poderíamos pensar – de uma obra realizada por um discípulo fiel sobre o pensamento de seu mestre. Essa afirmação, no entanto, só é parcialmente verdadeira. Apesar da patente admiração do ensaísta brasileiro pelo conjunto da obra do antropólogo e pelo reconhecimento do radical redirecionamento que o "estruturalismo autêntico" teria possibilitado nas chamadas ciências humanas, *A Estética de Lévi-Strauss* ultrapassa em muito uma simples apresentação burocrática e acrítica das ideias do autor de *Tristes Trópicos*. A leitura desse trabalho de recenseamento crítico do pensamento estético de Lévi-Strauss nos ajuda, ainda hoje, a adquirir uma postura de independência analítica em relação aos paradigmas da época e, dessa maneira, contribui para a revitalização de certas concepções do antropólogo relativas ao campo da estética, da teoria da arte e, em certo sentido, da teoria do conhecimento. Em livro de 1967, *Claude Lévi-Strauss o El Festín de Esopo*, o poeta e ensaísta mexicano Octavio Paz já havia enfatizado que os escritos de Lévi-Strauss têm uma importância tríplice: antropológica, filosófica e estética. Um mérito inegável de Merquior em seu livro é justamente o de colocar o pensamento estético de Lévi-Strauss em contato (e em confronto) com as principais correntes filosóficas e estéticas de sua época, sem perder de vista os objetivos particulares do projeto estruturalista de fundamentação de uma base científica para o campo das ciências humanas.

De fato, o conjunto da obra de Lévi-Strauss exerceu um papel decisivo no pensamento antropológico do século XX, e essa influência ultrapassou o campo restrito dos especialistas da antropologia e se estendeu às mais diversas disciplinas das humanidades. Considerado um dos pais do estruturalismo, movimento intelectual que orientou uma geração inteira de pensadores, Lévi-Strauss talvez tenha sido um dos últimos grandes representantes de uma forma de *utopismo teórico* que consistia na busca de um tipo de conhecimento, de caráter universalista, sobre o homem. Essa pretensão de universalidade, fundamentada através da concepção de *estrutura* herdada da linguística do Círculo de Praga, consistia na tentativa de encontrar invariantes no pensamento e nos comportamentos humanos para além das contingências e acima das diferenças observadas empiricamente, e foi fundamental para que ele estabelecesse os pressupostos básicos e os objetivos científicos de sua teoria. O antropólogo compreendia a estrutura como uma "entidade profunda", e chegou a se referir a ela como uma "categoria do espírito humano". Exatamente por esse motivo, Paul Ricouer (1913-2005), herdeiro da tradição hermenêutica de Friedrich Schleiermacher (1768-1834) e Wilhelm Dilthey (1833-1911), fundamentalmente antagônica aos pressupostos e à orientação anti-humanista do estruturalismo, classificou a ideia lévi-straussiana de estrutura como uma espécie de "kantismo sem sujeito transcendental".[2] Caracterização essa que não foi negada pelo antropólogo, que acreditava que suas investigações teóricas se reencontravam com a problemática do kantismo, visto que, para ele, a razão humana funcionaria graças às oposições (pensamento binário) que são em si vazias (formam uma estrutura subjacente da mente) e que são gradualmente preenchidas com conteúdos que mostram sempre a mesma "estrutura".

Assim, as leis do pensamento seriam exatamente as mesmas para todo o gênero humano e, portanto, não poderia haver diferença entre pensamento lógico e pré-lógico (como defendia a antropologia tradicional); quer dizer, entre o pensamento civilizado e o "primitivo". É a partir dessa concepção que Lévi-Strauss vai desenvolver a sugestiva ideia de uma *lógica do concreto*, que desafia o conceito filosófico tradicional de racionalidade humana, e que, como veremos adiante, terá uma importância fundamental na defesa do valor estético-filosófico da antropologia estrutural realizada no estudo de José Guilherme Merquior.

Antes de apresentarmos e discutirmos algumas das reflexões levantadas pelo ensaísta brasileiro em sua obra,

---

[2] Citado por François Dosse em *História do Estruturalismo*, vol. I, "O Campo do Signo". Bauru, Edusc, 2007.

acredito que uma incontornável questão deve ser levantada. O que ainda pode nos dizer um livro como *A Estética de Lévi-Strauss* tanto tempo depois do fim da voga estruturalista nas ciências humanas?[3] Por que ainda valeria a pena lê-lo e estudá-lo? Eu diria, inicialmente, que a resposta mais simples a essas justas indagações está na constatação de que a importância e atualidade de qualquer grande pensador não se reduz à vigência da metodologia de análise por ele empregada. O estruturalismo está morto há bastante tempo, conforme sentenciou o próprio José Guilherme Merquior – "assassinado por Chomski e pelo movimento de maio" –,[4] mas as contribuições de alguns de seus representantes não morrem com a exaustão de uma metodologia e de uma visão peculiar de ciência. Assim, em *De Praga a Paris*, um Merquior mais maduro admitirá, numa frase muito reveladora a respeito da herança intelectual de seu ex-professor: "O sábio prevalece sobre o cientista".[5]

A proposta de abordagem de Merquior

Em *A Estética de Lévi*-Strauss, obra de natureza ao mesmo tempo didática e hermenêutica, José Guilherme Merquior se propõe a, segundo ele mesmo, "isolar, de maneira esquemática, na obra de Lévi-Strauss, as páginas consagradas seja à arte em geral, seja ao estudo das artes" (p. 108) tratadas especificamente. O autor considera que certas concepções centrais da antropologia lévi-straussiana são fundamentadas justamente a partir da análise de manifestações artísticas. O objetivo assumido

---

[3] Nos dois volumes de *História do Estruturalismo* (op. cit.), por exemplo, François Dosse apresenta, dialeticamente, os diversos embates críticos levantados por importantes pensadores contra e a favor dos pressupostos teóricos da antropologia estrutural.

[4] José Guilherme Merquior, *O Estruturalismo dos Pobres e Outras Questões*. Rio de Janeiro, Tempo Brasileiro, 1975, p. 8.

[5] José Guilherme Merquior, *De Praga a Paris: O Surgimento, a Mudança e a Dissolução da Ideia Estruturalista*. Rio de Janeiro, Nova Fronteira, 1991, p. 125.

inicialmente por Merquior é, portanto, o de apresentar e discutir certas reflexões de ordem estética presentes nas obras de Lévi-Strauss publicadas até aquele momento. Tal proposta, em princípio modesta, nas mãos de um intelectual com a capacidade analítica e a erudição de Merquior, toma uma dimensão muito mais complexa, pois coloca – como já enfatizei anteriormente – as formulações teóricas do antropólogo em embate com as mais diversas linhas de pensamento estético (e filosófico), desde Platão e Aristóteles, passando pela filosofia moderna e chegando até as investigações mais recentes nesse âmbito.

Para realizar seu projeto de interpretação da estética lévi-straussiana, Merquior estabelece três linhas fundamentais de análise, de acordo com as quais estrutura os capítulos do livro: a) a atividade artística considerada em suas relações com a sociedade; b) a definição de arte enquanto manifestação cultural específica; c) a "teoria da música", ou teoria da arte como crítica da cultura. E, por fim, conclui sua obra com dois apêndices, nos quais aborda (I) a estética do *finale* das *mythologiques* e (II) as relações entre a análise dos mitos e a análise das obras de arte.

No entanto, não realizarei, nesta breve apresentação, um comentário exaustivo de cada um dos tópicos levantados no texto de Merquior. Minha estratégia será a de tentar destacar uma só temática que parece perpassar, ainda que por vezes de forma subliminar, toda a reflexão desenvolvida em A *Estética de Lévi-Strauss*: a concepção, apresentada pelo antropólogo, de que a arte deve ser compreendida como uma forma peculiar da manifestação do conhecimento humano sobre a realidade. Acredito, pois, que o alcance e a importância que o estudo das formas artísticas adquire na antropologia estrutural podem ser vislumbrados a partir desse tema.

O CONHECIMENTO ARTÍSTICO E A *LÓGICA DO CONCRETO*

Um ponto importante para se compreender a arte como forma de conhecimento em Lévi-Strauss é seu conceito particular de "pensamento selvagem". Tal expressão, que dá nome a uma das obras mais conhecidas do antropólogo, surge exatamente da crítica à concepção tradicional, recorrentemente sustentada em investigações antropológicas e etnológicas anteriores, de que o pensamento "primitivo" (termo preterido pelo antropólogo), seria uma forma intelectual rudimentar, privada de racionalidade e incapaz de operar através de nexos lógicos. No caminho contrário, Lévi-Strauss realizou um trabalho de registro e documentação que atesta a admirável quantidade de conhecimento empírico e efetivo que se encontra no "pensamento selvagem". Esse tipo de saber seria essencialmente construído a partir da *sensibilidade*, e não de um sistema lógico-conceitual abstrato. No entanto, o requerimento dessa sensibilidade como ferramenta cognitiva só se legitima, para o pensador estruturalista, quando se mostra capaz não somente de acumular saberes autênticos, mas também de operar como instrumento com o qual se podem estabelecer classificações, tipologias e nexos de natureza propriamente lógica e intelectual. Assim, em Lévi-Strauss, o pensamento selvagem é concebido como uma forma de apreensão intelectual efetiva e, ao mesmo tempo, também como uma *lógica do concreto*, já que ele se vale dos elementos da ação, da sensibilidade e da imaginação para se constituir num ponto de encontro entre o intelecto e a apreensão sensível. No mito, por exemplo, assim como na criação artística, o antropólogo enxergava uma forma de prospecção intelectual e sensível da realidade e, além disso, uma maneira de superar essa mesma realidade, conquistando-a intelectualmente e ressignificando-a.

As relações entre arte e sociedade, em Lévi-Strauss, desafiam frontalmente uma interpretação bastante comum, de raiz rousseauniana, que supõe que os homens primitivos viveriam em total conexão e harmonia com a natureza. Tal visão carregaria em si a noção de que as formas artísticas desenvolvidas por esses homens são uma tentativa de mera representação (no sentido de *imitação*) da realidade. Lévi-Strauss, por sua vez, acreditava que mesmo nas sociedades mais "primitivas" pode ser constatado o imperativo humano universal de *diferenciação* em relação ao meio ambiente (e também em relação aos outros grupos humanos): a própria identidade dos homens enquanto seres culturais só poderia ser (auto) afirmada a partir da clara separação entre natureza e cultura. Partindo da constatação da necessidade humana (universal) de diferenciar-se – mecanismo gerador da cultura e de sua dinâmica –, o antropólogo pôde resguardar a autonomia do simbólico e do artístico frente ao mundo sensível.

Merquior afirma que Lévi-Strauss não abandona completamente a interpretação funcionalista da arte primitiva, mas a sutiliza e enriquece com a sugestão complementar de uma *função compensadora*, que consiste no entendimento de que a arte não se limita a uma simples busca da representação mimética da realidade empírica, pois é uma *metáfora da forma utópica* com que essa sociedade fantasia sobre si mesma. O objeto artístico seria, então, em Lévi-Strauss, resultado da "desarmonia psicossocial acarretada pela incomensurabilidade dos diversos sistemas de simbolização" (p. 37), que levaria à busca de novos sentidos – de novas interpretações possíveis –, os quais tentam dar conta do lugar do homem como ser que ultrapassa o mero comportamento natural e que precisa justificar, para além das normas sociais instituídas, a sua inadequação à ordem habitual das coisas. Essa interpretação se enriquece com o apoio do conceito, herdado da linguística, de "significado flutuante", que seria fruto da assimetria entre significado e significante. A flutuação do significado é o que permitiria a invenção estética e a criação incessante de *sínteses simbólicas imaginárias*. O que Merquior destaca, partindo dessa concepção lévi-straussiana de arte como processo de simbolização inerente à cultura, é o fato de que o artista, não se sujeitando à realidade empírica, fornece novas formas simbólicas que acabam enriquecendo o mundo humano com novos *sentidos*; e é justamente através dessa concepção que o ensaísta começa a apresentar a dimensão cognitiva da arte no pensamento estético de Lévi-Strauss.

A arte, explica-nos Merquior, "se liga à própria essência da função simbólica e do fenômeno do sentido – é preciso aceitar a ideia de que a criação artística, ao nível de suas fontes, e mesmo se ela brota do inconsciente, está ligada a um processo intelectual. Ainda que esteja fortemente motivada por condicionamentos de ordem emocional, a arte não se elabora senão ao despertar incessante de uma problemática da significação: aporias insuperáveis do esforço, sem cessar retomadas, de interpretação do universo" (p. 39). O fenômeno artístico, portanto, não pode ser compreendido nem como mera *representação* do real, nem como simples jogo lúdico e fantasioso, afastado das interpelações existenciais concretas. A noção de objeto artístico como "modelo reduzido", utilizada pelo antropólogo, explica muito bem o que foi dito acima. A arte como *modelo parcial* mostra sua infidelidade às aparências sensíveis, o que é condição intrínseca de toda mímese estética: "A originalidade da estética estrutural vem, contudo, de que ela invoca uma relação entre a redução e a especificidade própria do conhecimento estético" (p. 43). O modelo reduzido, resultado sem dúvida da experiência concreta, é uma construção, e não uma mera representação passiva e homóloga do objeto. A contribuição do estruturalismo lévi-straussiano ao pensamento estético da época, propõe Merquior, é reconhecer a autonomia da função estética sem abdicar da consideração de que toda forma artística funciona como uma abertura para o real, salvando assim, simultaneamente, a especificidade do fenômeno artístico e seu conteúdo cognitivo.

Ao contrário de uma ideia muito difundida, principalmente no âmbito da teoria da literatura, Merquior defende que a obra de arte não é para a estética estrutural (pelo menos não no pensamento de Lévi-Strauss) um objeto que deve ser considerado de maneira completamente isolada: "a obra nos esclarece sobre o mundo, mesmo se este 'saber' não é assimilável ao conhecimento científico. A arte não é cega a respeito da realidade" (p. 59). Na experiência estética – criativa ou receptiva – realiza-se uma complexa interação de funções intelectuais e anímicas que devem ser entendidas como uma forma de conhecimento e apreensão do real. Diferentemente da visão racionalista moderna, herdeira direta do idealismo platônico, na *lógica do sensível* apresentada por Lévi-Strauss não há dicotomia entre intelecto e percepção e, portanto, não faz sentido dissociar completamente o pensamento da experiência estética. Afastando-se, pois, do platonismo e se aproximando da retórica aristotélica (que valorizava a contribuição intelectual dos retóricos sofistas, esses *proto-humanistas* tão vilipendiados pela versão platônica da história da filosofia), Merquior propõe uma "mediação dialética" entre o mundo das emoções e o nível do conhecimento intelectual: "persuasão passional elevada à dignidade da razão iluminante. Entre o sentimento e o intelecto, há colaboração, e não simples oposição" (p. 66).

Defendendo a posição – de orientação claramente humanista – de que as ciências humanas devem buscar uma superação da visão cartesiana de ciência e alcançar uma compreensão menos restrita de realidade, Merquior propõe "um outro gênero de lógica" (p. 142), que permita uma concepção mais larga de razão humana. Para Merquior, "a forma puramente intelectual do conhecer é analítica; deriva da metonímia; a forma estética do conhecer é sintética, e se confunde com a metáfora" (p. 43). A partir dessa distinção, de base kantiana, reelaborada através da concepção lévi-straussiana de que o pensamento selvagem recorre a uma *lógica do sensível* e a uma *ciência do concreto* (em oposição à visão racionalista tradicional), é que o ensaísta brasileiro propõe uma síntese e se aventura a potencializar o alcance das ideias do seu professor. O crítico, enfim, teve a acuidade de intuir e indicar, no momento de maior influência das ideias estruturalistas, e em diálogo com um dos maiores representantes do movimento, alternativas para a superação dos próprios limites do método estrutural. Numa época em que qualquer forma de manifestação da tradição intelectual humanista era atacada por todos os lados, Merquior sugeria que o caminho para uma nova compreensão do pensamento científico e para reconhecimento do valor cognitivo da arte passava justamente pela reabilitação do humanismo, desde que afastado de sua vertente idealista e metafísica:

> (...) as observações de Lévi-Strauss, em seu conjunto, parecem ilustrar uma concepção muito mais dialética da arte e de suas relações com a cultura. Temos o direito de nos perguntar se este equilíbrio não é, em parte, o resultado deste *humanismo crítico* por intermédio do qual o olhar estruturalista, recusando-se obstinadamente às ilusões metafísicas do humanismo clássico, se esforça em abrir à cultura uma nova perspectiva sobre si mesma, menos esmagada pela desproporção entre a hipertrofia do fazer e a atrofia da sabedoria e da sensibilidade (p. 105).

O autor de *A Estética de Lévi-Strauss* percebeu, com muita agudeza, uma tendência – e um conflito – fundamental nas entrelinhas da abordagem estruturalista de seu professor. Merquior soube entrever, enfim, na teoria estética que se depreende do pensamento de Lévi-Strauss, a possibilidade de superação do conceito fechado de ciência do próprio estruturalismo, e a indicação de um caminho alternativo – que ele chamou de *humanismo crítico* – para as ciências humanas.

BIBLIOGRAFIA

ADORNO, Theodor Wiesengrund. *Dialektik der Aufklärung*. Amsterdam: Querido Verlag, 1947. Trad. ital. *Dialettica dell'Illuminismo*. Turim: Einaudi, 1966.
_____. *Philosophie der Neuen Musik*. Tübingen: J. C. B. Mohr, 1949/1962. Trad. fr. *Philosophie de la Musique Moderne*. Paris: Gallimard, 1962.
_____. *Versuch über Wagner*. Frankfurt: Suhrkamp Verlag, 1952. Trad. ital. in: *Wagner – Mahler – Due Studi*. Turin: Einaudi, 1966.
AMBROGIO, Ignazio. *Formalismo e Avanguardia in Russia*. Roma: Editori Riuniti, 1968.
ARNHEIM, Rudolf. (1954) *Art and Visual Perception*. Londres: Faber & Faber, 1957.
ATKINS, J. W. H. *Literaty Criticism in Antiquety*. Vol. II. Londres: Methuen, 1934.
AUERBACH, Erich. *Vier Untersuchungen zur Geschichte der Französischen Bildung*. Berna: A. Francke, 1951. Trad. ingl. *Scenes from the Drama of European Literature*. Nova York: Meridian Books, 1959.
BARRAUD, Henry. *Pour Comprendre les Musiques d'Aujourd'hui*. Paris: Seuil, 1968.
BAUDELAIRE, Charles. (1861) *Richard Wagner et "Tannhäuser" à Paris*. In: *Oeuvres Complètes*. Vol. 2. Paris: Le Club du Meilleur Livre, 1955.
BAYER, Raymond. *Histoire de l'Esthétique*. Paris: Armand Colin, 1961.
BENJAMIN, Walter. (1936) "Le Narrateur" (trad.). In: *Oeuvres Choises*. Paris: Julliard, 1959a.
_____. (1939) "Sur Quelques Thèmes Baudelairiens" (trad.). In: *Oeuvres Choises*. Paris: Julliard, 1959b.
BOAS, Franz. (1927) *Primitive Art*. Nova York: Dover, 1955.
BOGATYREV, Piotr e JAKOBSON, Roman. (1931) "Il Folclore come Forma di Creazione Autonoma" (trad.). In: *Strumenti Critici*. Turin: Einaudi, n. 3, junho de 1967.

BOUCOURECHLIEV, André. *Beethoven*. Paris: Seuil, 1963.
BOURDIEU, Pierre. "Champ Intellectuel et Projet Createur". In: *Les Temps Modernes*, nov. 1966.
_____. (1967) Posfácio à trad. francesa de Panofsky, 1951, q. v.
BROCH, Hermann. *Création Littéraire et Connaissance* (trad. do alemão). Paris: Gallimard, 1933/1966.
BULLOUGH, Edward. (1912) *Aesthetics*. Londres: Bowes and Bowes, 1957/1966.
CHARBONNIER, Georges. *Entretiens avec Claude Lévi-Strauss*. Paris: Plon-Julliard, 1961.
CHOMSKY, Noam. "A Review of B. F. Skinner's *Verbal Behavior*". In: *Language*, 35, n. 1, 1959, p. 26-58.
CLASTRES, Pierre. "L'Arc et le Panier". In: *L'Homme*. Vol. 2, 1966.
COHN, Robert Greer. *Towards the Poems of Mallarme*. Berkeley: University of California Press, 1965.
CURTIUS, Ernst Robert. *Europäische Literatur und Lateinisches Mittelalter*. Berna: Francke AG Verlag, 1948. Trad. fr. Paris: Presses Univ. de France, 1956.
_____. (1954) *Studi di Letteratura Europea* (trad. do alemão). Bolonha: Il Mulino, 1963.
DUFRENNE, Mikel. *Phénoménologie de l'Expérience Esthétique I: L'Objet Esthétique*. Paris: PUF, 1953.
ECO, Umberto. *Opera Aperta*. Milão: Bompiani, 1962.
FLEISCHMANN, Eugène. "L'Esprit Humain selon Cl. Lévi-Strauss". In: *Archives Européennes de Sociologie*, t. VIII, n. 1. Paris: Plon, 1966.
FRIEDRICH, Hugo. *Die Struktur der Modernen Lyrik*. Hamburgo: Rowohlt-Taschenbuch-Verlag, 1956. Trad. espanhola Barcelona: Seix Barral, 1959.
FRYE, Northrop. *Anatomy of Criticism*. Princeton: Princeton University Press, 1957.
_____. *The Modern Century*. Toronto: Oxford Univ. Press, 1967.
GERNET, Louis. *Anthropologie de la Grèce Antique*. Paris: Maspéro, 1968.
HARTMAN, Geoffrey. *Beyond Formalism*. New Haven: Yale Univ. Press, 1970.
HAUSER, Arnold. *Der Manierismus*. Munique: C. H. Beck'sche Verlagsbuchhandlug, 1964. Trad. italiana Turin: Einaudi, 1965.

Hegel, Georg Wilhelm Friedrich. (1835) *Esthétique*. 4 vols. (trad. do alemão). Paris: Aubier, 1944.

Hjelmslev, Louis. (1943) *Prolegomena to a Theory of Language*. Trad. ingl. de *Omkring Sprogteoriens Grundlaeggelse*. Madison: The Univ. of Wisconsin Press, 1961.

Hutchings, A. J. B. "The XIXth Century". In: *Pelican History of Music*. Vol. 3. Londres, 1948.

Jakobson, Roman. "Linguistique et Poétique". In: *Essais de Linguistique Générale* (trad. do inglês). Paris: Minuit, 1960/1963.

_____. "A la Recherche de l'Essence du Langage". In: *Diogène* n. 51; publicado também em *Problèmes du Langage*. Paris: Gallimard, 1966.

_____. "Une Microscopie du Dernier Spleen dans les Fleurs du Mal". In: *Tel Quel*, n. 29. Paris, primavera de 1967.

Jakobson, Roman e Lévi-Strauss, Claude. "'Les Chats' de Charles Baudelaire". In: *L'Homme*, vol. II, n. 1, 1962.

Jeanmaire, Henri. *Dionysos. Histoire du Culte de Bacchus*. Paris: Payot, 1951.

Jung, Carl Gustav. *Modern Man in Search of a Soul*. Nova York: Harcourt, Brace and Co., 1933.

Koestler, Artur. *Insight and Outlook*. Nova York: Macmillan, 1949.

Kris, Ernst. *Psychoanalytic Explorations in Art*. Nova York: Schocken Books, 1952.

Langer, Susanne. *Feeling and Form*. Nova York: Charles Scribner's Sons, 1953.

_____. *Problems of Art*. Nova York: Scribner, 1957.

Lévi-Strauss, Claude. "Introduction à l'Oeuvre de Marcel Mauss". In: *Sociologie et Anthropologie par Marcel Mauss*. Paris: P.U.F., 1950.

_____. "Le Père Noël Supplicié". In: *Les Temps Modernes*, n. 77, 1952.

_____. *Tristes Tropiques*. Paris: Plon, 1955.

_____. "The Family". In: Shapiro, Harry (ed.). *Man, Culture and Society*. Nova York: Oxford University Press, 1956.

_____. *Anthropologie Structurale*. Paris: Plon, 1958.

_____. "Leçon Inaugurale" dada em 5 de janeiro no Collège de France, Cadeira de Antropologia Social, e publicada no *Annuaire* da mesma instituição, 1960a.

_____. "La Structure et la Forme. Réflexions sur un Ouvrage de Vladimir Propp". In: *Cahiers de l'Institut des Sciences Economiques Appliquées* n. 99, Paris, março de 1960b.

_____. "La Geste d'Asdiwal". In: *Annuaire de l'Ecole Pratique de Hautes Etudes (Sciences Religieuses) 1958-59*. Paris, 1960c. Também em *Les Temps Modernes* n. 179, março de 1961.

_____. "Four Winnebago Myths". In: DIAMOND, S. (ed.). *Culture and History*. Nova York, 1960d.

_____. *Le Totemisme Aujourd'hui*. Paris: P.U.F., 1962a.

_____. *La Pensée Sauvage*. Paris: Plon, 1962b.

_____. *Le Cru et le Cuit (Mythologiques I)*. Paris: Plon, 1964.

_____. "The Future of Kinship Studies". In: *Proceedings of the Royal Anthropological Institute of Great Britain and Ireland*, 1965.

_____. *Du Miel aux Cendres (Mythologiques II)*. Paris: Plon, 1966.

_____. *L'Origine des Manières de Table (Mythologiques III)*. Paris: Plon, 1968.

_____. *L'Homme Nu (Mythologiques IV)*. Paris: Plon, 1971.

LEVIN, Samuel R. *Linguistic Structures in Poetry*. La Haye: Mouton, 1962.

LUKÁCS, Georg. *Die Theorie des Romans*. Heidelberg: Cassirer, 1920. Trad. fr. Genebra: Gonthier, 1963.

MARTIN, Alfred von. *Soziologie der Renaissance*. Stuttgart: Ferdinand Enke Verlag, 1932. Trad. esp. Cidade de México: Fondo de Cultura Econômica, 1946.

MARTINET, André. "Connotations, Poésie et Culture". In: MARTINET et al. *To Honor Roman Jakobson*. Paris-La Haye: Mouton, 1967.

PANOFSKY, Erwin. "Der Begriff des Kunstwollens". In: *Zeitschrift für Aesthetik und Allgemeine Kunstwissenschaft*. XIV. Berlim: Schuster & Loeffler, 1920. Em italiano: *La Prospettiva come Forma Simbolica e Altri Scritti*. Milão: Feltrinelli, 1961 e 1966.

_____. "Die Perspektive als Symbolische Form". In: *Vortäge der Bibliothek Warburg* 1924-25. Leipzig-Berlim: Teubner, 1927. Em italiano Milão: Feltrinelli, 1961 e 1966.

_____. *Studies in Iconology*. Nova York: Oxford University Press, 1939. Em francês: *Essais d'Iconology*. Paris: Gallimard, 1967.

_____. *Gothic Architecture and Scholasticism*. Latrobe: The Archabbey Press, 1951. Em francês: *Architecture Gothique et Pensée Scolastique*. Paris: Ed. de Minuit, 1967.

_____. *Meaning in the Visual Arts*. Nova York: Doubleday Anchor Books, 1955.

_____. *Renaissance and Renascences in Western Art*. Estocolmo: Almqvist & Wiksells, 1960.

PLEBE, Armando. "Origini e Problemi dell'Estetica Antica". In: *Momenti e Problemi di Storia dell'Estetica* (vários autores), vol. 1. Milão: Marzoratti, 1959.

POUILLON, Jean. "L'Analyse des Mythes". In: *L'Homme*, janeiro-março, 1966.

RAIMONDI, Ezio. *Tecniche della Critica Letteraria*. Turin: Einaudi, 1967.

ROUSSET, Jean. "Les Réalités Formelles de l'Oeuvre". In: POULET, Georges (org.). *Les Chemins Actuels de la Critique*, 10/18. Paris, 1968.

RUWET, Nicolas. "Linguistique et Sciences de l'Homme". In: *Esprit*, novembro de 1963a.

_____. "L'Analyse Structurale de la Poésie". In: *Linguistics*, n. 2, dezembro de 1963b.

_____. "La Linguistique Générale Aujourd'hui". In: *Archives Européennes de Sociologie*, t. V, n. 2, 1964.

SAPORTA, Sol. "The Application of Linguistics to the Study of Poetic Language". In: SEBEOK, Thomas (ed.). *Style in Language*. Massachussetts: M. I. T. Cambridge, 1960.

SAUSSURE, Ferdinand de. (1916) *Cours de Linguistique Générale*. 5. ed. Paris: Payot, 1962.

SCHAEFFER, Pierre. *Traité des Objets Musicaux*. Paris: Seuil, 1966.

SIMONIS, Yvan. *Cl. Lévi-Strauss ou la Passion de l'Inceste*. Paris: Aubier-Montaigne, 1968.

SPENCER, John e GREGORY, Michel J. "An Approach to the Study of Style". In: FREEMAN, Donald C. (ed.). *Linguistics and Style*. Oxford: Oxford University Press, 1964.

SPITZER, Leo. *Romanische Literaturstudien – 1936-56*. Tübingen: Max Niemeyer, 1959.

STANKIEWICZ, Edward. "Linguistics and the Study of Poetic Language". In: *Style in Language*. Nova York: Thomas A. Seboek, 1960.

VOEGELIN, C. "Casual and Noncasual Utterances within Unified Structure". In: *Style in Language*. Nova York: Thomas A. Seboek, 1960.

WARRY, John Gibson. *Greek Aesthetic Theory*. Londres: Methuen, 1962.

WEBER, Max. (1905) *L'Éthique Protestante et L'Esprit du Capitalisme* (trad. do alemão). Paris: Plon, 1967.

_____. (1921) *The Rational and Social Foundations of Music* (trad. do alemão). Carbondale: Southern Illinois Univ. Press, 1958.

WELLEK, René. "Comments to part 3". In: *Style in Language*. Nova York: Thomas A. Seboek, 1960.

WILENSKI, Reginald Howard. *French Painting*. C.T. Branford Co., 1949.

WIMSATT, Jr.; WILLIAM, K. e BROOKS, Cleanth. *Literary Criticism – a Short History*. Nova York: Knopf, 1957.

WITTKOWER, Rudolf e WITTKOWER, Margot. *Born under Saturn*. Londres: Weidenfeld and Nicolson, 1963.

WORRINGER, Wilhelm. (1919) "Ideas Críticas sobre el Arte Nuevo". In: *El Arte y sus Interrogantes* (trad. do al.). Buenos Aires: Nueva Vision, 1959a.

_____. (1921) "Problemas Actuales del Arte". In: *El Arte y sus Interrogantes* (trad. do al.). Buenos Aires: Nueva Vision, 1959b.

YALMAN, Nur. "The Raw: the Cooked: Nature: Culture – Observations on Le Cru et le Cuit". In: LEACH, E. (ed.). *The Structural Study of Myth and Totemism*. Londres: Tavistock, 1967.

ZIFF, Paul. "Art and the 'Object of Art'". In: ELTON, William (ed.). *Aesthetics and Language*. Oxford: Blackwell, 1959.

ÍNDICE ONOMÁSTICO

Adorno, Theodor Wiesengrund, 62-63, 102, 105, 116
Aguiar, Almir Oliveira, 40
Alexander, 64
Ambrogio, Ignazio, 62
Aristóteles, 45, 58, 66, 111
Arnheim, Rudolf, 44
Atkins, J. W. H., 45
Auerbach, Erich, 139
Bach, Johann Sebastian, 117
Bakunine, Mikhail, 102
Barraud, Henry, 98
Barthes, Roland, 121
Baudelaire, Charles, 42, 84, 97-98, 100-04, 117, 127, 139
Bayer, Raymond, 111
Beckett, Samuel, 42
Beethoven, Ludwig, 116-17
Benjamin, Walter, 82-84, 102, 139
Benn, Gottfried, 63
Bergson, Henri, 95
Berio, Luciano, 120
Bismarck, Otto von, 104
Blanchot, Maurice, 121
Boas, Franz, 26, 27
Boccaccio, Giovanni, 137
Bogatyrev, Piotr, 84
Boucourechliev, André, 116
Bourdieu, Pierre, 133-34, 138
Brancusi, Constantin, 88
Brecht, Bertold, 47
Broch, Hermann, 121

Brooks, Cleanth, 45, 60
Browen, Thomas, 42
Bullough, Edward, 74
Carnap, Rudolf, 135
Cassirer, Ernst, 61, 134-35
Charbonnier, Georges, 22, 66, 73, 77, 85
Chomsky, Noam, 140-41
Cícero, 42
Clastres, Pierre, 102
Clouet, François, 41, 48, 51
Cohn, Robert Greer, 125
Collingwood, Robin George, 47, 64
Cosimo, Piero di, 136
Costa e Souza, Maria Celeste da, 40
Croce, Benedetto, 47, 61
Curtius, Ernst Robert, 42, 122
Debussy, Claude, 117
Descartes, René, 117
Dessoir, Max, 58, 111
Dufrenne, Mikel, 64-66
Eco, Umberto, 45, 115
Eisenstein, Albert, 47
Eliot, T. S., 47
Elisabeth da Áustria, 41, 48
Ernst, Max, 42, 61, 87, 134
Fichte, Johann Gottlieb, 99
Fiedler, Konrad, 134
Filodemo de Gadara, 45
Fleischmann, Eugène, 61, 95
Freud, Sigmund, 38, 60, 113

Friedrich, Hugo, 43
Frye, Northrop, 102, 121-22
Galileu Galilei, 117
Gernet, Louis, 38
Giorgione, 93
Goethe, Johann Wolfgang von, 42, 99
Hahne Jr., Juvenal, 19
Hartman, Geoffrey, 122
Hauser, Arnold, 72
Hegel, Georg Wilhelm Friedrich, 46, 66, 105, 119, 121
Hildebrand, Dietrich von, 134
Hjelmslev, Louis, 124, 127
Horácio, 45
Husserl, Edmund, 64
Hutchings, A. J. B., 99
Ingarden, Roman, 63, 64
Jakobson, Roman, 58, 62, 77, 84, 112, 125-26, 131, 139
Jeanmaire, Henri, 38, 39
Josquin des Prés, 63
Joyce, James, 47
Jung, Carl Gustav, 60
Kandinsky, Wassily, 47, 88
Katz, Chaim Samuel, 24
Klee, Paul, 88
Koestler, Artur, 113
Kris, Ernst, 74
Lange, Konrad, 58, 111
Langer, Susanne, 60, 112, 115
Leach, Edmund, 27
Lessing, Gotthold Ephraim, 41
Levin, Samuel R., 130
Lévi-Strauss, Claude, 19, 21-22, 24-27, 30-31, 36, 39-41, 48, 50-51, 54-55, 57-58, 60-62, 66-67, 70, 73-78, 81, 85-88, 90, 93, 95-97, 102-05, 108-09, 111, 113, 116-20, 122, 124, 127-28, 131-34, 137-39
Lukács, Georg, 81-82, 105
Lutero, Martin, 63
Mallarmé, Stéphane, 103, 125
Mann, Thomas, 98
Marlowe, Christopher, 130
Martin, Alfred von, 72
Martinet, André, 112, 141
Martins, Wilson, 24
Mauss, Marcel, 30-31, 35-36, 40, 55, 142
Merleau-Ponty, Maurice, 64
Michelangelo, 136
Mittner, Ladislao, 103
Mondrian, Piet, 88
Newton, Isaac, 117
Nietzsche, Friedrich, 38
Ovídio, 136
Panofsky, Erwin, 136
Parker, Witt, 64
Pater, Walter, 93
Peirce, Charles Sanders, 58
Petrarca, Francesco, 43
Picasso, Pablo Ruiz, 86
Pires, Eginardo, 24
Pisano, Nicolau, 137
Platão, 137
Plebe, Armando, 66
Polanyi, Karl, 102
Portella, Eduardo, 19
Pousseur, Henri, 116
Poussin, Nicolas, 136
Prado Coelho, Eduardo, 31, 131
Propp, Vladimir J., 127

Proust, Marcel, 47, 81, 84, 116-17
Raimondi, Ezio, 133
Rameau, Jean-Philippe, 117
Ravel, Maurice, 116
Ricoeur, Paul, 133
Riegl, Alois, 134
Rohde, Erwin, 38
Rousseau, Jean-Jacques, 96
Ruwet, Nicolas, 124, 127-28, 131, 133
Sainte-Beuve, Charles Augustin, 46
Saporta, Sol, 129, 141
Saussure, Ferdinande, 108, 124
Schaeffer, Pierre, 109
Schelling, Friedrich Wilhelm Joseph von, 46
Schoenberg, Arnold, 47, 63, 94
Schopenhauer, Arthur, 98, 100
Shakespeare, William, 130, 137
Shaw, Bernard, 102
Simonis, Yvan, 21
Spengler, Oswald, 84
Spitzer, Leo, 129, 139
Stankiewicz, Edward, 129
Stockhausen, 116, 142
Stravinsky, Igor, 117, 120
Taine, Hippolyte, 46
Tolstói, Leon, 46
Tovey, Donald, 100
Valéry, Paul, 47
Voegelin, Charles F., 129-30
Wagner, Richard, 97-04, 116-17
Warburg, Aby, 134
Warry, J. G., 111-12
Weber, Max, 118, 137
Wellek, René, 130
Wilenski, Reginald Howard, 41
Wimsatt, William Kurtz Jr., 45, 60
Wittkower, Rudolf, 72
Wölfflin, Heinrich, 134
Worringer, Wilhelm, 121
Wundt, Wilhelm, 111
Ziff, Paul, 64

DADOS INTERNACIONAIS DE CATALOGAÇÃO NA PUBLICAÇÃO (CIP)
(CÂMARA BRASILEIRA DO LIVRO, SP, BRASIL)

Merquior, José Guilherme, 1941-1991.
A estética de Lévi-Strauss / José Guilherme Merquior; tradução de Juvenal Hahne Jr. – São Paulo: É Realizações, 2013.

Título original: L'Esthétique de Lévi-Strauss
ISBN 978-85-8033-124-0

1. Arte e mitologia 2. Estética 3. Lévi-Strauss, Claude, 1908-2009 I. Título.

13-00123   CDD-111.85

ÍNDICES PARA CATÁLOGO SISTEMÁTICO:
1. Estética : Filosofia   111.85

Este livro foi impresso pela Gráfica Vida & Consciência para É Realizações, em junho de 2013. Os tipos usados são da família Sabon LT Std e Industrial736 BT. O papel do miolo é pólen bold 90g, e, da capa, cartão supremo 250g.